入社1年目
上手くいく人へ
成長するコツ33

笹田知弘
Tomohiro Sasada

クロスメディア・パブリッシング

はじめに

これから働きはじめるみなさんへ

みなさん、初めまして。
まずは、ご就職・ご転職、おめでとうございます。

今、みなさんはどんなお気持ちですか？
ワクワク？　ドキドキ？　不安でいっぱい？

おそらく、いろんな感情で胸がいっぱいですよね。ただ、この本を手にとってくださったということは、「これから入る会社で頑張りたい」「少しでも早く、役に立てるようになりたい」という気持ちが、どこかにあるのではないでしょうか。

そんなやる気で満ち溢れているみなさんに、本書では会社に入って役に立つ、33個の“コツ”をお伝えします。

私は、新入社員向けの研修や、人材採用のお手伝いをしております、「株式会社シンミドウ」の笹田知弘と申します。研修、人材採用ともに20年以上携わり、毎年、みなさんのようなこれから新たな会社で仕事をするたくさんの方に、激励を送らせていただいています。前身の有限会社笹田経営から、2008年に今のシンミドウになった当社ですが、なんと1人目の社員から新卒で採用をしています。それから毎年新卒で社員を採用し、未経験者をイチから地道に育成をしてきました。2024年現在では入社3年以内の離職率が1割を切っているのも、本書の内容を自社で実践しているからです。

私はよく、新入社員研修で、会社のことを自動車免許の「教習所」に例えて説明しています。

ご存じの通り、自動車教習所（以下、教習所）では、仮免許をとらない限り、路上運転をすることができません。

教習所が会社内、路上が社外とした時に、仮免許は上司や先輩の「お墨付き」といったところでしょうか。

一刻も早く、上司や先輩からのお墨付きをもらうためには、知識の習得を確認する「学科試験」と、必要な運転技術を持っているかを確認する「技能検定」をクリアする必要があります。本書は、そのための「教本」という位置づけです。

つまるところ、この本の中では、私は教習指導員（教官）です。これから、本書を通じてみなさんに、車のエンジンのかけ方やハンドルの扱い方といった初歩的なことから、縦列駐車や坂道発進など、ありとあらゆることをお伝えしていきます。本書にある、「自分から挨拶をする」「余裕を持って出勤する」「問題発生時や困ったことは報告する」などの項目はその一例です。

みなさんの中には、「そんな初歩的なこと、練習しなくてもできる」「教習所の中では適当にやっていても、私は道路に出たらきちんとしますよ」と思う人もいるかもしれません。しかし、「教習所内（社内）でできなかったことは、路上（社外）に出てもできない」というのが私の考えです。

考えてみてください。「教習所にいる時は、縦列駐車ができなかったけれど、実際の場ではできるはず」「仮免許はなかなか取れないけれど、路上に出たら、俺、すごいよ？」……。こんな発言を聞いたら、みなさんはどう感じますか？　上司や先輩からしても、こんな様子の新入社員には、仮免許を与えて路上（社外）に出そうとは思わないはずです。まずは基本を徹底的に学び、いち早く、仮免許を取得することを目指しましょう。

この本は、「準備編」「基本編」「実務編」「上級編」からなる、33個の項目で構成されています。理想は、はじめから通読していただくことです。時間がない方は、目次を見ていただくと、気になる項目があるかと思います。そこからピックアップして読んでいただいても構いません。ただ、すべての話はつながっています。できたら時間がある時に、一度は最初から読んでいただけたらと思います。

教習所もそうであったように、はじめは車の操作や、標識など、覚えることはたくさんあります。けれども、この本を手にとってくださったような、真面目なみなさんなら、大丈夫。きっと、あっという間に車を上手く乗りこなすことができるようになるでしょう。

路上に出て、教習所の「卒業検定」にも合格し、無事、免許が取れたら、海でも、山でも、好きなところへドライブすることができます。そこから見える景色は、ひと味もふた味も違います。

仕事人生も同様です。基本ができ、上司や先輩からのお墨付きをもらって社外へ出て、やがてひとり立ちをする。

そのころには、任される仕事の幅も、裁量も、ぐーんと広がっています。仕事に対するやりがいも、見つかっているはずです。

前置きが長くなりました。教習所（社内）から路上（社外）に出るために、まず、みなさんが目指すのは、仮免許（仕事の基本）を獲得することです。それでは、さっそく教習をはじめていきましょう。

Chapter 1
準備編

Chapter 2
基本編

06
明るく元気な笑顔をつくる

P.36

07
掃除をする

P.40

08
名前を覚えて呼ぶ

P.44

09
自己紹介をする

P.48

10
身なりを整える

P.52

11
余裕を持って出勤する

P.56

12
リアクションを
直接言葉で伝える

P.60

13
後でお礼を言う・伝える

P.64

Chapter 1

準備編

準備編 01

就職のお礼を言う

就職が決まったら、入社するまでにみなさんにしてほしいことがあります。ひとつが、本項の「就職のお礼を言う」です。

今日に至るまでに、みなさんはたくさんの方にお世話になってきたと思います。高校や大学の先生や、すでに企業で働いている先輩に、就職について相談をした人もいるでしょう。急な面接の予定が入った時に、アルバイト先の人に、シフトを代わってもらった人もいるかもしれません。周囲のいろんな助けがあって、今のみなさんがいるはずです。

若い方に限った話ではありませんが、困った時には相談を持ちかけるものの、問題が解決してからはお礼や報告をせず、そのままにしてしまっている人が非常に多いです。

私は、新入社員研修に登壇した際に、参加してくださったみなさんに、「内定が決まってから今日までに、誰かに『就職が決まりました。ありがとうございました』と伝えた人はいますか？」と尋ねます。すると、手が挙がるのはだいたい全体の２

割ほどです。

一方で、「この研修を受けるまでは知らなかったかもしれないけれど、今後は、きちんとお礼を伝えたいと思う人はいますか？」と尋ねると、ほとんど全員の方が手を挙げてくれます。

これからはじまる長い社会人人生の中で、みなさんもだんだん実感していくことになると思いますが、「自分ひとりでできること」は非常に限られています。この先も、たくさんの人に助けられるでしょうし、反対に、みなさんが誰かを助ける場面もあるかと思います。そのような時に、きちんとお礼を伝えられる人と、そうでない人、次の機会にどちらを応援してあげたくなりますか。当然、前者だと思います。

就職のお礼を言うのは、ちょっとしたメリットもあります。例えば、学校の先生側の視点から見ても、かわいい教え子たちが全員、就職の報告をしてくれるわけではありません。そのため、わざわざ来てくれた学生については、とても印象に残ります。「〇〇さんは××会社に入ったんだね」。一度、そんなふうに認識してもらえたら、ゆくゆくは、それが新しいご縁や、仕事につながることもあります。

私は、26歳で最初に入った会社を退職しています。それから20年以上経ちますが、当時の会社で直属の上司だった方々には、毎年、会っています。

現在、私は埼玉県在住ですが、初任地は大阪でした。当時の上司の方々は、今も大阪に住んでいらっしゃるのですが、それでも年に１回、多い時は年に２回ほどお伺いしています。食事をしながら昔話をしたり、「おかげさまで、社員もここまで増えました」「今は、こんな仕事をしています」などと、報告しています。おそらく、次にお会いする時は、この本が発売されたことをお伝えすると思います。ひょっとしたら、「昔の部下が本を出すから、買ってあげて」と、各所で宣伝してくれるかもしれません。

もちろん、こういったメリットを期待して、ご挨拶に行くわけではないのですが、人とのつながりは、時に、ありがたいご縁をつないでくれることもあります。忘れたころに、「大学で同じゼミだった△△さん、困ったことがあるみたい。君の会社で解決できるのでは？」と連絡が来たりするものです。今はイメージがしにくいかもしれませんが、そういうものだと思って、高校や大学の先生、部活の顧問や先輩、アルバイト先の店長や先輩、転職の場合は前職の方々、そしてご両親……みなさんが「お世話になった」と感じる人に、お礼を伝えるようにしてください。

本書を読んでいるみなさんが、まだ入社前ならラッキーです。けれども、例えば、ゴールデンウィークやお盆休みに、「就職のお礼を言う」大切さを知ったからといって、「どうしよう、もう遅いかな」「今さらだと思われないかな……？」などと悩む必要はありません。「ご報告が遅くなり、すみません」と一言添えて、感謝の気持ちを伝えればいいのです。

まとめ 01

POINT 1

「就職のお礼」は社会人人生の第一歩。
お世話になった人には、お礼を言いに行こう

POINT 2

お礼が遅くなっても大丈夫。
「遅くなりすみません」と一言添えればOK

POINT 3

「就職のお礼」をきっかけに、
お世話になった人に近況報告も続けると◎

準備編 02

入社する会社を知る

もうひとつ、会社に入社する前にしてほしいのが「入社する会社を知る」ことです。

就職が決まるまでは、みなさんは一生懸命その会社について調べたと思います。ところが、内定が出た途端、多くの人がそれを忘れてしまいます。これは、非常にもったいないことです。

いざ、入社すると、新入社員はとくに覚えることがたくさんあります。そのため、自分の会社について勉強する時間は、ほとんどとれません。だからこそ、入社前の準備期間は会社について学んでおくチャンスなのです。

突然ですが、もし、今からみなさんがアメリカへ留学しなければならなくなったとします。次の二つのうち、どちらのほうがいいスタートを切れると思いますか？

①「アメリカへ行く前に、少しでも英語を勉強しておこう」
②「アメリカへ行ってから、英語を学べばいい」

おそらく、多くの方が①「アメリカへ行く前に、少しでも英語を勉強しておこう」と考えるのではないでしょうか。これは極端な例ですが、仕事も同じです。基本的な知識があったほうが、会社に入ってからの業務の飲み込みも早くなります。

入社前にチェックしておいたほうがいいのは、会社のホームページです。就職活動中に、すでに見たことがある人もいるかもしれませんが、改めて復習しておくと、きっとみなさんの役に立ちます。パンフレットをもらっている場合は、こちらも読んでおくといいでしょう。

とくにしっかり見ておきたいのは、経営理念やビジョン、社是・社訓、代表者の想いです。この会社は何を大切にしているのか、今後、どの方向に進んでいきたいのか。事前に知っておくことで、自分が働きはじめた時に、何を目指したらいいのか、イメージがしやすくなります。

代表者や役員の名前、プロフィールといった情報が掲載されている場合は、こちらも併せて見ておくといいでしょう。会社に入ってから「覚えなければいけないこと」が、ほんの少し減ります。後で「名前を覚えて呼ぶ」の項でも書きますが、人は「社長！」と声をかけられるより「笹田社長」と名前で呼ばれるほうが、うれしいものです。

ほかには、インターネットで社名や代表者の名前を検索すると、過去のインタビュー記事が出てくることがあります。そういったものからも、社長の考えや会社の方針をくみとっておくといいでしょう。

真面目な方はおそらく、就職活動中にも一度、これらに目を通したかと思います。けれども、経営理念やビジョン、社是・社訓、代表者の想いといったものは本来「就職試験に受かるためのもの」ではありません。会社のことを知っておくことは、入社してからのほうが、大いに役立ちます。

折に触れて「社長は『〇〇が大切だ』とおっしゃっていますよね」「創業は、先代が××の商売をはじめたことがきっかけだったんですよね」と話すことができれば、周囲の人から「よく、理解しているね」と一目置かれます。

このことを研修で話すと、たまに「上の人に媚を売っていると思われそう……」と、心配する方がいます。たしかに、本項の重要性を知らない同期からは「何なんだ、あいつ」と、妬まれる可能性もゼロではありません。けれども、そんなことは気にしなくて大丈夫です。

社会人である同僚の大部分からは「新入社員なのに、会社のことをよく理解しているな」とプラスに思われます。これから自分が入社する会社のことをしっかりと知った上で、いいスタートを切れるようにしていきましょう。

まとめ 02

POINT 1

入社をする前に、会社のホームページや、
パンフレットを、もう一度チェックしよう

POINT 2

とくに経営理念やビジョン、社是・社訓、
代表者の想いを、しっかり理解しておくと◎

POINT 3

入社後は、ゆっくり時間がとれない。
自分が働く会社について、予習をしておこう

Chapter 2

基本編

基本編 03

自分から挨拶をする

挨拶の重要性はこの本に限らず、ありとあらゆるところで謳われています。それでも、ここで改めて取り上げたいくらいに大切なことなので、本項にしっかりまとめます。挨拶について、とくに新入社員のうちは「自分から挨拶をする」ことを意識するようにしてください。朝、職場に着いたら、以下の要領で挨拶をしていきましょう。

①まずは職場（フロア全体）に向かって「おはようございます」と挨拶する
②自分の席の近くに行ったら、周囲の人に「おはようございます」と挨拶する
③もし、直属の上司がすでに出社していたら、上司の近くに行って「おはようございます」と挨拶する

帰る時も同様に、周囲の人や上司だけでなく、職場（フロア全体）に向かって「お先に失礼します」と挨拶します。

外出時には「行ってきます」「ただいま戻りました」。お昼休憩の時や、別のフロアに用事がある時も「お昼に行ってきます」「総務部に呼ばれたので、２階に行ってきます」「戻りました」と声をかけられたら、ベストです。

大きな声で挨拶するのが理想ですが、「難しい」と感じる人もいるかもしれません。これまで、私の研修を受けてくれた方の中には、「大きな声を出すのが苦手」「私は、滑舌がよくないから……」と言う人もいました。

このような時、コツがあります。まずは、「おはようござます」の「お」だけ、大きく発話してみるのです。一語目を大きく言うことができれば、後に続く「おはようございます」も自然とボリュームが上がります。騙されたと思って、一度試してみてください。

なお、「お」の声量は、運動部並みの声の大きさを求めているわけではありません。「自分の中の、ちょっと頑張った声」で構わないのです。

普段の声が小さい人ほど、効果はてきめんです。そのような人が「ちょっと頑張った『おはようございます』」で挨拶をしてくれたら、受け手側にいい意味での驚きを与えます。

どうして挨拶が大切なのか。自分自身が上司になった時をイメージしてみてください。積極的に挨拶をしてくれる部下と、毎朝何も言わずのそっと職場に入ってくる部下。２人のうちひとりに重要な仕事を任せる必要がある場合、みなさんなら、どちらに任せたいと思いますか？　おそらく、多くの人が「積極的に挨拶をしてくれる部下」を選ぶのではないでしょうか。

たまに、研修に来ている新入社員の方から「うちの部署は、みんな挨拶をしないんです」というご相談をいただきます。私は、そういう場合こそ、新入社員が積極的に挨拶をするべきだと思っています。

挨拶は、その場の空気をよくする効果もあります。新入社員が毎日「おはようございます」「お昼へ行ってきます」「戻りました」「お先に失礼します」と挨拶していれば、よほどの場合を除き、ほかの社員からも「おはよう」「お疲れさま」と、リアクションが返ってくるはずです。続けていくことで、周囲の雰囲気も次第に変わってきます。

「この会社は挨拶をしない／する」に関係なく、みなさんは自分からしっかり挨拶するようにしてください。社内で挨拶ができない人は、社外へ行ったとしてもできません。

少し、こぼれ話をします。私が最初に入社した会社で、ある時直属の上司から「社長が、『笹田くんは頑張っている』と話していたよ」と言われたのです。

当時の社長とは、新入社員の私が仕事で直接かかわることはありません。社員数も多い会社でしたし、新入社員も、その年は20名ほどいました。社長が、私の仕事ぶりをすべて把握しているとは思えません。それでは、私の何が評価されたのでしょうか。

振り返ってみると「挨拶がよかったのでは？」と考えています。そのころ、私は社長に会うたびに「新入社員の笹田です。おはようございます！」と元気よく挨拶をしていました。挨拶は時として「頑張っている」という印象も与えてくれます。

まとめ 03

POINT 1

挨拶は自分から先にしよう。
周囲に挨拶の習慣がなくても、続けるとよい

POINT 2

出社時や退社時の挨拶は、
上司だけでなく職場（フロア全体）にすると◎

POINT 3

大きな声を出すのが苦手な人は、
挨拶の「最初の一語」の声量を上げてみよう

基本編
04

名前を呼ばれたら「ハイ」と言う

会話はキャッチボールです。相手からボールを受け取ったら、自分もそれを投げ返す。これが通常の流れです。しかし、残念ながら中にはボールを「受け取ったまま」の状態の人がいます。もちろん、本人は悪気がありません。よくあるのが、以下のようなシチュエーションです。

ケース①

上司：「笹田くーん」
笹田：「……」（無言で振り返る）
上司：（なんだ、忙しいのか？
それとも機嫌が悪いのか……？）

ケース②

上司：「笹田くん、これ、どう思う？」
笹田：「……」（わぁ、○○さんに尋ねられちゃった。
考えなくちゃ。うーんと……）
上司：（なんだ、無視か？　笹田くんって態度悪いなぁ……）

新人の笹田くんはやる気がある。この会社で頑張りたいと考えている。上司や先輩のことを「いい人だ」と思っている——。それなのに、それを上手く態度で表現できず、損をしているケースが非常に多いのです。

まず、呼びかけられた際には、いったん「ハイ」と返事をして、一度、相手に「ボール」を返しましょう。問いかけに対して思考を巡らせるのは、それからでも遅くはありません。

学校の卒業式を想像してみてください。

「○年×組、△△さん」と呼ばれた際に、「ハイ」と言って立ち上がる人と、何も言わずに立ち上がる人。周囲から見ていた時に、どちらの人のほうが「いい学生（生徒）」に感じますか？

おそらく「ハイ」と返事をする人ではないでしょうか。社会人も、同じです。

この「ハイ」という返事は、運動部の試合で行われる選手宣誓（「○○高校、主将、××さん！」「ハイ！！！」）のような声量を求めているのではありません。呼んだ人に聞こえる範囲の「ハイ」で十分です。

理想の受け答え

上司：「笹田くん」

笹田：「ハイ」 ← **ポイント**

上司：「これ、どう思う？」

笹田：「そうですね、僕にはちょっと難しいです。少しだけ、考える時間をいただけますか？」

上司：「もちろんだよ」

（笹田くんはやる気があっていいなぁ……）

本書ではこの後、「名前を覚えて呼ぶ」「メモをとって見返す」といった方法をご紹介していきます。勘が鋭い方は、そろそろお気づきになっているかもしれません。そう、この本でお伝えしている内容は、みなさんが「小学生の時には当たり前にできていた」ことばかりなのです。

小学生のころを思い出してみてください。朝、教室に入ったら、まずはみんなに挨拶をする、先生に呼ばれたら「ハイ」と返事をする。お友だちの名前をきちんと覚えて呼ぶ。「宿題は計算ドリルの〇〇ページ」「明日、給食着を持っていく」と連絡帳にメモをとる……。

少なくとも、過去の自分はできていたはずのことです。そう思うと、少しハードルが下がったように感じませんか？

まとめ 04

POINT 1

呼ばれたら、まずは「ハイ」と返事をする

POINT 2

問いかけられた内容が難しかったとしても、
考えるのは会話の「ボール」を返してから

POINT 3

返事をする際は、
相手に聞こえるレベルの声量であればOK

基本編 05

相手からのアクションに反応をする

上司、先輩問わず、相手からアクションがあった際には、まずは何らかの反応を示すようにしましょう。

ここで、クイズです。外回り営業で外出中の上司から、ある案件についてのスケジュールが送られてきました。次のうち、どの反応が正解だと思いますか？

①メールで送られてきたので「ありがとうございます、確認しました」と返信した
②チャットで送られてきたので、先輩社員と同様に、リアクションボタンで反応した
③返信すると、かえって上司の手間を増やしてしまうと思い、そのままにした

わかりましたか？　正解は①と②です。

最近では、メールやチャットなどのコミュニケーションツールでのやりとりが主流になってきています。しかし、以前はオフィスのフロアが１階、２階、３階と分かれている場合、内線電話を使っていました。もちろん、現在でも内線を活用している会社もたくさんあります。内線が便利なのは「○○さん、来週××日に、△△の予定があります」と電話したら、「承知しました」とその場でお互いに「連絡」「合意」の確認がとれることです。

メールやチャットは、スケジュールなどのデータをそのまま送ることができるので、とても便利です。一方で、送られてきたものに対し、「確認しました」とリアクションをする人もいれば、「受け取って終わり」、つまり、何の返信も反応もしない人がいます。

送った人からすれば、「あれ、○○さんだけ反応がない……。届いていないのかな？」と不安になってしまいます。そうなれば、「届いていますか？」と個別チャットで連絡したり、わざわざ席まで出向いて、「○○さん、あれ、届いた？」と確認したりしなければいけません。何らかの反応を示さなければ、送った人に余計な手間をかけさせてしまうのです。

反応は、なるべく早いほうがいいですが、電話対応をしていたり、離席していたりする場合は、席に戻ってきてからで問題ありません。会議に入っていて、１時間、２時間と経ってしまっていた際も、「会議に出ていたので、確認が遅れましたが、受け取りました。ありがとうございます」とリアクションするようにしましょう。

人によっては「1時間以上経った後に返事するのは、かえって迷惑なのでは……?」と思う方もいます。実際、私も新入社員からそう言われたことがあります。ですが、まったく問題ありません。ここでも「迷ったなら、実行する」ことを選びましょう。

冒頭のクイズでは、「外にいる上司からの連絡」というシチュエーションでしたが、対面ではこの限りではありません。上司がすぐ側にいる場合などは「スケジュール、届きました。確認しておきます」と、直接言ったほうがいいケースもあります。こちらについては、後の「リアクションを直接言葉で伝える」の項で解説します。

昨今は、メッセージを送った際に「既読」かどうかを確認できるLINEなどの影響でしょうか、届いたものに返信せず、自分の中だけで消化してしまう人が多いようです。私にも、時折クライアント企業から、そのような悩みが寄せられます。

反対に、全員がやっていないからこそ、リアクションを返すだけで、「○○さんはしっかりしている」という印象を与えてくれます。毎回きちんと反応するだけで、相手との信頼関係も築くことができるのです。

まとめ 05

POINT 1

メールやチャットでの連絡にも、反応は大切

POINT 2

毎回メッセージで返信する必要はない。
「リアクション機能」も活用して反応しよう

POINT 3

離席していて確認が遅れてしまった場合も、
戻ったタイミングで反応をすればOK

基本編 06

明るく元気な笑顔をつくる

「明るく、元気な笑顔をつくりましょう」

研修の場でこのように言うと、決まって以下のような反応が返ってきます。

「私が明るく振る舞っていたら、きっと変に思われます」
「体育会系ではないので、『元気に』は難しいです」
「自分の笑顔に自信がありません……」

こう言われる度に、私は「今の若い方たちは、本当に真面目だな」と感心してしまいます。

みなさん、何事も「100％じゃないと意味がない」「完璧でなくてはいけない」と、思っているのでしょう。もっと、気楽に考えて構いません。元気も笑顔も、ほんの少しプラスするだけでいいのです。

まず、ほかの人と比べてはいけません。体育会系出身の元気いっぱいの人や、笑顔が素敵な友人……そのような人たちよりも「明るく」「元気に」「笑顔で」と言っているわけではありません。

もし、比較するのなら、「自分自身」と比べるようにしてください。それは、普段の自分であってもいいですし、過去の自分でも構いません。控えめな人は、寝起きでとことんテンションが低い時の自分と比べてもいいでしょう。それらの自分よりプラス「10％」、もう少し頑張れるなら、プラス「20％」、ニコニコできれば十分です。

ただ、もう一踏ん張り、“元気度”を増さなければいけないシチュエーションもあります。それは、Zoomなどを使った、オンライン会議です。

対面と比べて、表情や声がクリアに届かないオンライン会議では、自分が思っている以上に、相手に「テンション」が伝わりにくいものです。使用しているパソコンや周辺環境にもよりますが、普段通りにしているだけでは、相手にぶっきらぼうな印象を与えてしまったり、最悪の場合「不機嫌なのかな？」と、誤解されてしまったりするケースがあります。

私自身も、オンランイン会議で「おとなしい人なのかな」と思っていた方に実際に会ってみると、「あれ？　想像していたよりも明るい人なんだ」と驚いたことがありました。いつもより少しテンションを上げる、これは、オンライン会議のひとつのコツです。

オンライン会議で明るく見せるポイントを、もうひとつお話しします。それは、画面に収まる範囲で、身振り・手振りを用いて、感情を伝えることです。

いつもより、少し大きく頷いてみる。軽く手を挙げてみる、拍手する動作をしてみるなど、シチュエーションに応じて、適切なリアクションをしてみてください。そうすれば、マイクはミュート（オフ状態）のままでも、相手の話をしっかり聞いていることが伝わります。

繰り返しになりますが、頷く時は、大きめに。いつもと同じくらいだと、画面の向こうの相手からはよく見えません。時々、真顔で画面を見つめ続ける人がいますが、ここでも、笑顔でいられたら、みなさんの表情はとても明るく映ります。

リモートワークが普及したということもあり、最近では同じ会社の社員同士でも、オンライン会議をすることがよくあります。オンライン会議の場では、いつもの自分よりもプラス「30%」のニコニコを心掛けられると、素敵です。

まとめ 06

POINT 1

いつもの自分より、プラス10～20％が◎
明るく、元気に、笑顔で過ごそう

POINT 2

明るさ、元気さ、笑顔は、人とは比べない。
いつもの自分と比較をしたらOK

POINT 3

オンライン会議は、プラス30％の意識で。
対面ではないので、テンションを上げよう

基本編 07

掃除をする

新入社員として会社に入って間もないころは、できる仕事が本当に限られています。その中で、掃除はみなさんにとって「数少ないできること」です。学生時代はもちろん、私生活でも掃除をする場面はあったはずです。社会人としては１年生であっても、掃除歴は10年、20年選手というわけです。仕事では、上司や先輩に追いつくのは当分先ですが、掃除は、たった１日で先輩方と肩を並べられる可能性があります。１日でも早く会社に貢献するためにも、積極的に取り組みましょう。

会社によっては「掃除の時間」が決められているところもあると思います。掃除の時間がある会社は、以下のことを意識するようにしてください。

◇掃除の当番や、掃除する場所・内容が決まっている場合は、その通りにしっかり取り組む

◇決まっていない場合は、先輩や周囲の人に「掃除は何をすればいいか」を尋ねる

また掃除の時間のあるなしにかかわらず、就業時間中に気をつけてほしいことがあります。それは、オフィスやその周辺に落ちているゴミです。

一見するときれいに見えるオフィスでも、いろんなものが落ちています。フロアの床をよくよく見渡すと、誰かが食べたのであろう、お菓子の包装紙のかけら、書類から剥がれてしばらく経ったような付箋といったゴミが落ちていることがあります。見つけたら、たとえ自分が出したゴミでなくても、そのままにせず、拾って捨てるようにしてください。

私も、自社の中はもちろん、お客様先の会社でも、ゴミがあったら拾うようにしています。そして、ゴミが落ちている近くに社員がいたら、“口うるさいおじさん”と思われてしまっても、「このゴミには気がつかなかったの？」と声をかけます。なぜなら、それが後に社員のためになると思っているからです。詳しく説明します。指摘した社員から、以下の回答があったとしましょう。

「ゴミが落ちていたのに、気がつきませんでした」
「ゴミには気づいていましたが、拾いませんでした」

二つのうち、回答によっては、今後の指導の仕方が大きく変わってきます。

まず、前者の場合は、仕事に追われていたり、考えごとをしていたりと、仕方のないケースもあるかと思います。「視野が狭い」という可能性もありますが「今後は気をつけようね」で済む話です。

問題は、後者です。ゴミがあるとわかっていながらも、それを放置してしまう人は、この先、あらゆることにおいて「気づいていても、スルーしてしまう癖」がついてしまいます。
仕事で必要な資料をつくっていても、「もう一度、見直したほうがいいんじゃないか」と思いながらも「まぁ、いっか」とスルーしてしまう。大切なプレゼンの準備をしていて「ここ、もっとブラッシュアップしたほうがいいのでは」とわかっていても、「まぁ、これでよしとしよう」とスルーしてしまう。一度、このようなスルー癖をつけてしまうと、とてもやっかいです。

何度もお伝えしてきたように「迷ったなら、実行する」。ゴミ拾いひとつとっても、「気づいたら、拾う」を繰り返していれば、スルー癖がつくことはありません。

時々、研修で「始業前に出社して、オフィスの掃除をしたり、みんなの机を拭いたりしたほうがいいですか？」と尋ねられます。もちろん、掃除していただいても構いません。けれども、それをしていても、落ちているゴミを拾わないのであれば、私は本末転倒だと思っています。いきなりハードルを上げる必要はありません。机を拭くより前に、まずはゴミを見つけたら拾うことから、徹底していきましょう。

まとめ 07

POINT 1

掃除は、新入社員が会社に貢献できること。
掃除の仕方を理解して、しっかり取り組もう

POINT 2

もし社内に落ちているゴミを見つけたら、
掃除の時間は関係なく、必ずゴミを拾うこと

POINT 3

「スルー癖」は一度つけてしまうと、厄介。
気づいたら、迷ったら、掃除をしよう

基本編 08

名前を覚えて呼ぶ

「最近、増えてしまっているな」と感じるのが、「名前を飛ばして相手を呼ぶこと」です。

例えば、目の前にいる相手に向かって「すみません、ちょっといいですか」と声をかける例です。すぐ側に呼びかけたい人がいる場合でも、「〇〇さん、お時間いいですか」と「名前＋要件」で話しかけたほうが、ずいぶん印象がいいと思います。

「自分から挨拶をする」の項目で、私は社長に会うたびに「新入社員の笹田です。おはようございます！」と、元気よく挨拶をしていたというお話をしました。実はこの時、必ず先に「〇〇社長」と呼びかけていました。

相手の名前を呼ぶことは、自分にとっても、よい効果をもたらします。それは、相手も自分の名前を覚えてくれようとすることです。

名前を呼ぶということは、相手に「私は、あなたを認識していますよ」というシグナルを送ることになります。会うたびに名前で呼びかけられると、相手は「新入社員のこの子、なんていう名前だったかな？　私も名前を覚えなきゃ」と思うようになります。そこで「〇〇社長、新入社員の笹田です。おはようございます！」と挨拶すれば、「そうだ、笹田くんだ」と、しっかり認識してくれるようになります。たくさんいる新入社員全員の顔と名前を一致させるのは、社内の人からしても大変でしょうから、しばらくは「笹田です」と、こちらから名前を伝えるほうが親切です。

社内の同僚や先輩、直属の上司といった、距離の近い人の名前は、比較的すぐに覚えられると思います。一方で月に１、２回程度しか会わない人の名前はたしかに覚えにくいかもしれません。けれども、そんな人ほどしっかり名前を把握しておくとよいです。

これから社外に出た時もそうなのですが、お客様や仕入れ先など、仕事でかかわるすべての人を、きちんと名前で呼べたほうが、明らかに円滑な人間関係を築くことができます。社内は、そのための練習です。

ただ、どうしても相手の名前が思い出せない場合もあると思います。いざという時のために、対応策をお伝えしておきましょう。

ケース①　今から相手のところへ向かう時

用事のある相手のところへ向かっている時に「あれ、あの人の名前は何だったかな……？」ということがあります。

もし、そのような事態に陥った時は、まずは社内チャットやメールを見返して、相手の名前を調べるようにしましょう。

何も確認できるものがない場合、フロアに到着後、誰かに「○○課の××担当の方のお名前を教えていただけますか？」と尋ね、その場でしっかり相手の名前を覚えましょう。「新入社員なもので、すみません」と一言添えれば、大きな問題にはなりません。

ケース② ばったり会ってしまった場合

名札がある会社は、すかさずそちらで確認します。名札がない場合は、まだ会って２、３回目程度であれば「すみません、もう一度お名前をお伺いしてもいいですか？」と素直に聞くようにします。

しかし、問題はすでに何回も会っている方を、ど忘れしてしまったケースです。こういう場合は、名前を呼ぶ代わりに「先月教えていただいた○○の件、ありがとうございました」「夏に手伝っていただいた××、本当に助かりました！」など、「前回教えてもらったこと／やってもらったこと」を挨拶として代用します。名付けて、「やってもらったこと置き換え法」です。

まとめ 08

POINT 1

相手の名前を覚えた上で、
話しかける際には、相手の名前を呼ぶとよい

POINT 2

「新入社員の○○です」とセットで言うと、
自分のことも相手に覚えてもらいやすくなる

POINT 3

相手の名前を忘れてしまった時は、
調べたり、聞いたり、置き換え法を活用する

基本編 09

自己紹介をする

会社によっては、一度にたくさんの新入社員を迎えるところもあります。上司や先輩の立場からすると、同じチームや部署に配属された社員ならともかく、他部署の新入社員全員の顔と名前を一致させることは、なかなか難しいのが現実です。

先ほど、「名前を覚えて呼ぶ」でもふれましたが、このようなケースでは、相手を名前で呼び、自らも積極的に名乗ることで、自身のことを認知してもらいやすくなります。その際、併せて行いたいのが、本項の「自己紹介をする」です。

「自己紹介」と聞くと身構えてしまう人もいるかもしれませんが、ここで言う自己紹介とは、本当に簡単なものです。いわゆる、「自己紹介タイム」にあるような「生まれは〇〇、学校での部活は××で、趣味は△△」といった長いものを求めているわけではありません。私が最初に入った会社で、社長に対して行っていたように「〇〇社長、新入社員の笹田です。おはようございます！」といった具合の、短い自己紹介でいいのです。

例として、短い自己紹介には、以下のようなパターンがあります。いくつかのパターンを組み合わせて、状況に応じて使い分けてみてください。

◇新入社員であることを言う：「このたび入社しました○○です」「新入社員の○○です」
◇配属先を言う：「営業部に配属されました○○です」「４月から、総務部に入った○○です」
◇出身地を言う：「埼玉県出身の○○です」「○○です。今、埼玉県に住んでいます」

繰り返しになりますが、新入社員がたくさんいる会社であるほど、上司や先輩は、全員の顔と名前を把握するのに苦労します。しかし、こちらからほんの少し情報をつけ加えることで、「あぁ、営業部の〇〇さんね」と、相手も思い出しやすくなります。自己紹介した相手が同郷の人だったら、「埼玉県のどこなの？　私も、昔住んでいたんだよ」と話が広がる可能性もあります。共通点が見つかれば。その人との距離がぐっと近くなります。

自己紹介をするのは、以下のようなタイミングです。

◇初めて会った時
◇初めてメールを送る時
◇初めて内線をかける時

ただし、１回でやめてしまうのではなく、２回目、３回目の接点を持った時も、自己紹介をするようにしてください。

２回目、３回目時点では、相手もみなさんのことを完全に認識できているとは限りません。相手が「この子、前にも来たけど、名前は何だったかな……？」と困っている時に、「先日はありがとうございました。新入社員の〇〇です」「前回、一緒にお仕事をさせていただいた〇〇です」と伝えてあげることができれば、自己紹介が相手にとっての「助け舟」にもなるのです。

何度も自己紹介を繰り返す中で、ひょっとしたら「もうわかっているよ」と言われる場面があるかもしれません。けれども、そこで「しつこかったかな？」と気にする必要はありません。

私も、新入社員のころは、何度も自己紹介をしていました。しまいには、先輩から「知ってるよ」と笑われてしまいましたが、まったく気に留めていませんでした。むしろ「覚えてもらって、よかった」とすら感じていました。

この習慣を、私は今でも続けています。先日もある全国の集まりで、１年ぶりに会った方がいらっしゃいました。その際「〇〇さん、こんにちは。埼玉から来た笹田です」とご挨拶すると、その方は「わかっているよ、笹田さん」と言ってくれました。ここまで到達してようやく「自己紹介完了」なのです。

まとめ 09

POINT 1

名前と一緒に、簡単な自己紹介も添えると◎

POINT 2

「新入社員の○○」「営業部の○○」など、
自己紹介の内容は、簡単なものでOK

POINT 3

相手から「わかっているよ」と言われたら、
自己紹介は完了（もうしなくてもよい）

基本編 10

身なりを整える

私自身も服装やモノにあまり気をつかう人間ではありません。そのため、プライベートにおいての身なりは、周囲を困らせるような格好をしていない限りはとくに自由でいいとは思います。けれども、これが仕事となると、話は変わってきます。

仕事をする上では、どんな職業や職種であったとしても、身なりを整えておく必要があります。ちょっと、想像してみてください。初めて会った相手の人が、ヨレヨレの服を着ていたり、髪がボサボサだったり、カバンがボロボロだったりしたら、どう感じますか？　おそらく相手への第一印象は、マイナスに感じるのではないでしょうか？

アメリカの心理学者アルバート・メラビアンが提唱した「メラビアンの法則」というものがあります。人と人とのコミュニケーションにおいて、「視覚情報（55％）」「聴覚情報（38％）」「言語情報（７％）」の順で影響を与えることを説いたものです。この視覚情報の中には、身だしなみ、表情（笑顔）、挨拶、振る舞い、態度などが含まれます。

決して、おしゃれになる必要はありません。けれども、どんな相手から見ても「大きな減点対象にならないような身なり」を心がけておいたほうがいいと言えるでしょう。

仮に、営業職の人が顧客に対してよい提案をしても、それ以前のところで「マイナス評価」を受けてしまっては、受注につながらない可能性があります。これほど、もったいないことはありません。

こまめに洗濯をする、シャツなどはシワを伸ばしておく、靴下や靴など、足元にも気を配る、爪は短く切る　　。例を挙げるとキリがありませんが、誰から見ても「清潔」に感じる見た目に整えておくことが大切です。わかりやすい基準をお伝えするなら、入社試験を受けた際の身だしなみであれば、多くの場合、問題ないと思います。

会社によっては、私服OKの職場もあると思います。もし、どのような服装にすればいいか、わからなかったら、自分一人で悩むより、歳の近い先輩に聞くことをおすすめします。先輩も、同じ道をたどって来たはずです。「こういう服は着て来てもいいのでしょうか」「この色は、明るすぎますか？」と尋ねたら、きっと教えてくれるでしょう。

はじめは頑張っていても、ゴールデンウィークが明けたくらいから、次第に服装がだらしなくなってくる人がいます。４月からずっと一緒にいた同僚や周囲の人からすれば「疲れているのかな？」で済むかもしれませんが、５月から配属された人や、初めて会う人はそう思ってはくれません。その日だけ、たまたま汚れた服を着ていたとしても「この人、大丈夫？」と不安に思われてしまう可能性があります。会社にいる時は常に、清潔な身だしなみを意識するようにしましょう。以下に、最低限チェックしておきたいポイントをまとめました。困った時は、参考にしてみてください。

最低限の身だしなみチェックリスト

- [ ] 服にシワや汚れはないか
- [ ] シャツやインナーだけでなく上着もこまめに洗濯をしているか
- [ ] 靴はきれいか。靴下に穴や破れはないか
- [ ] 服に汗やタバコなどの匂いがついていないか
- [ ] 胸ポケットにタバコを入れていないか
- [ ] ボタンやチャックを閉めるべきところはきちんと閉めているか
- [ ] ポケットに手を入れて歩いていないか
- [ ] 過度に傷んだカバンを使っていないか
- [ ] 髪の毛はきちんと整えているか
- [ ] 爪は切られているか
- [ ] 常にハンカチとティッシュを持っているか

まとめ 10

POINT 1

おしゃれではなく、「大きな減点」のない、
清潔な身だしなみを心がければよい

POINT 2

服装について分からないことがある場合は、
先輩に相談してみよう

POINT 3

仕事に慣れてきても、だらしない格好はNG

基本編 11

余裕を持って出勤する

みなさんは、誰かと待ち合わせをする際、どれくらい余裕を持って家を出ますか？

「５分前には着くようにしておく」「ちょうどくらい」……。

気心の知れた友人との待ち合わせなら、それでいいでしょう。

けれども、会社に出社する際は、もう少し余裕を見てもらえるとうれしいです。

勉強熱心なみなさんの中には、ビジネス本などで「朝が１日を制する」「会社には１時間前に出社し、その時点で○○と××と△△を済ませておく……」といった内容を目にしたことがある人もいるかもしれません。

私の場合、そこまでの余裕は求めていません。もちろん、このようなことができる人はやったほうがいいかもしれませんし、朝、誰もいないオフィスのほうが、仕事がはかどると言う人もいます。これらは、決して間違いではないのですが、ここで言う「余裕を持って出勤する」の目安を挙げるとしたら「いつもより１本、早い電車に乗る」くらいです。

「それくらいの余裕を持つなんて、当たり前でしょう」と感じる人もいるかもしれません。そのような方は、本項を読み飛ばしてもらっても差し支えないかと思います。

ただ、中には、こちらから指摘しない限り、ギリギリに出社する人がいるのです。そういう人は、９時始業なら、毎朝「８時59分」に出社するという具合です。これは、研修に参加してくれた方と、私の間で実際にあった会話です。

研修生：「私は、いつも８時59分に出社しています」
私　　：「９時始業ですよね。ギリギリじゃないですか？」
研修生：「今日もセーフでした！」
私　　：（セーフって……）「そんな、綱渡りのような時間配分、やめませんか？」
研修生：（なぜか誇らしげな顔で）「学生時代も毎日１分前に到着していたので大丈夫です！」
私　　：（そういう問題じゃない……）

学校は通う人が学費を払っているので、たとえ授業に遅れても、自己責任で済ますことができます。そのため、学生時代は、ギリギリでもよかったのかもしれません。しかし、社会人として会社で働く以上は、給料とそれに対する責任が発生します。

１分前に到着する時間配分では、いつもと異なることが少し発生するだけで、遅刻につながってしまいます。それに、余裕のない状態は、本人にとってもよくありません。９時から仕事がはじまり、周囲に「昨日の件、どうなってる？」と尋ねられても、すぐに対応できない可能性もあります。

みなさんが、陸上競技のランナーだったとします。決勝戦の競技会場に、１分前に到着する人はいますか？　みなさんが、吹奏楽部だったとします。演奏会場に、１分前に到着する人はいますか？　おそらく、いません。ランナーなら、少し早めに行って気持ちを落ち着けたり、演奏者なら、自分の楽器のコンディションを確認したりするはずです。

このようにして、「始業開始１分前到着」という変な癖をつけてしまった人は、社外の訪問先にもギリギリで向かうようになります。会社は通い慣れているため、遅刻することはなかったとしても、社外の訪問先に伺う時は、順調にいくとは限りません。電車の乗り換えを間違えてしまったり、道を誤ってしまったりと、想定外のいろんなことが起こり得ます。その結果、遅刻してしまったら、第一印象がとても悪くなってしまいます。

「教習所内（社内）」でできなかったことが、「路上（社外）」に出た瞬間、できるようになることはありません。路上に出る前に、時間に余裕を持つ練習をしっかりしておいてください。

まとめ 11

POINT 1

仕事をする上では、
時間に余裕を持って行動をしておくと安心

POINT 2

始業時間と同時に仕事を開始できるように、
準備にかかる時間も考えておこう

POINT 3

とくに時間ギリギリに出発する癖がある人は、
「電車1本分早く」を目安にするとよい

基本編 12

リアクションを直接言葉で伝える

「相手からのアクションに反応をする」の項目で、メールやチャットツールでメッセージが送られてきた時は、「返事やリアクションをしましょう」と説明しました。状況によっては、そこからさらに直接言葉で「確認しました」「届きました」と伝えたほうがいいケースもあります。例えば、メールを送ってくれた相手が、近くにいた時です。

反対に、こちらからメールやデータを送ったりすることもあるかと思います。そのような場合も「送りっぱなし」にするのではなく、「送りました」と言葉で伝えるようにしましょう。

近ごろは、若い人を中心に「『送りっぱなし』はよくない」という認識を持っている人が少ない気がします。LINEをはじめ、相手が「既読」かどうかがわかるコミュニケーションツールの影響かもしれません。たしかに、LINEでメッセージを送った後に、わざわざ電話で「送りました」と連絡する人はいないでしょう。

そのため、時折、新入社員研修の場でも「社内チャットで送った後に、どうして口頭でも『送りました』と言わなければいけないのですか？」とご質問いただきます。そのような質問があった際、私は以下のようにお答えしています。

みなさんが入社した時には、すでにメールやチャットツールが普及していますが、以前はそうではありませんでした。スケジュール表やデータも、印刷したり、USBメモリに入れたりして、直接手渡すのが基本でした。そういった受け渡しを補完するために生まれたのが、いま使っている様々なコミュニケーションツールです。つまり、みなさんの上司や先輩は「直接言葉で伝えること」が前提にあり、メールやチャットツールは「データの受け渡しをするためだけのもの」なのです。だからこそ、上司や先輩方は、みなさんがデータを「送りっぱなし」にしていると、「どうして何も言ってこないんだろう？」と、違和感を持つのです。

それに、すぐ隣や斜め前の人に「送っておきました！」と声をかけるのは、それほど手間がかかることではありません。みなさん自身も「〇〇さん、メールしておいたから、後で見ておいてね」と言われて、嫌な気はしませんよね？　自分がいいなと思うことは、相手にもしてあげましょう。

こう説明すると、多くの方は理解してくれます。
一度、ここまでの話を整理しましょう。

相手からメールやメッセージをもらった時

①まずは「確認しました」と返信／社内ツールなら、リアクションボタンで反応してもOK
②送ってくれた人が近くにいる場合「ありがとうございます」「届きました」と声をかける

自分からメールやメッセージを送る時

①メール／社内ツールで送信
②相手が近くにいる場合「送りました」と声をかける
近くにいない場合は、内線がある会社は、それを使って「送りました」と連絡する

リモートワークをしている時も、基本的には同様です。相手が携帯を持っているなら、そちらに連絡するといいでしょう。

ただ、在宅勤務の場合は、会社が一定のルールを定めていることがあります。例えば、リモートワーク中はずっとZoomにつないでおき、連絡事項がある時にマイクをオンにして話しかけたり、Zoom内のチャットに投げかけたりする、といった具合です。会社特有の決まりがある時は、必ずしも「電話をかけること」にこだわらず、会社のルールに合わせればよいです。わからない場合は、先輩や周囲の人にどうするのが適切かを確認しましょう。

まとめ 12

POINT 1

「確認しました」や「送りました」など、
直接言葉で伝えると◎

POINT 2

席が遠い人や、別の場所にいる人には、
内線や社内ツールなどを使って伝えてもよい

POINT 3

リモートワークの場合には、
会社のルールを確認した上で連絡すればOK

基本編 13

後でお礼を言う・伝える

会社に入社した後の自分をイメージしてみてください。みなさんは、どのようなシチュエーションで、相手にお礼を伝えますか？

◇仕事を教えてもらった時
◇仕事の失敗をフォローしてもらった時
◇上司や先輩に、食事をご馳走になった時

どれもいいですね。間違いではありません。ただ、私は研修に参加してくれた方、この本を読んでくれたみなさんには、世の中の新入社員の上位「10%」の人になってもらいたいと考えています。

では、そのためにはどうすればいいのでしょうか。「みんながやっていないけど、大切なこと」をするのが、ひとつの“コツ”だと思っています。例えば、毎年「開催されて当然」と思えるような、入社式についても、お礼を言うことです。おそらく、食事をごちそうになって「ありがとうございました」と言える人はいても「入社式をしていただき、ありがとうございました」とまで、気を配れる人はなかなかいません。

私は、内定者向けの研修をすることもあります。研修時期が３月末の場合、内定者の方々に決まってこの話をします。すると、必ずと言っていいほど、入社式が開催された４月１日に、その会社の社長からお電話をいただきます。「笹田さん、今年の新入社員はとても優秀です」「みんな『素晴らしい入社式を、ありがとうございます』と言いに来てくれるんです！」と。

みんながお礼を言わないようなことに対しても、きちんと感謝の気持ちを伝えられるような人は、周囲から一目も、二目も置かれます。これは、新入社員だけではなく、年数を重ねても変わりません。どんな小さなことでも、相手に何かをしてもらった時は、まずはお礼を言うようにしましょう。

同様に、上司や先輩に食事をご馳走になった場合も「いつものお礼」を１ランクアップさせる方法があります。まず、その場、もしくはお店を出た後に「ありがとうございました」と言います。ここまでは、通常の流れです。そして、次の日にもう一度、ご馳走していただいた方のところへ行き、「昨日は本当にありがとうございました。とても楽しかったです」と、改めて感謝の気持ちを伝えるのです。歓迎会や、懇親会も同様です。

たいていの人は、その場のお礼だけで済ませてしまいます。もちろん、一度「ありがとうございました」と伝えているので、完全にダメというわけではありません。ですが、翌日に改めてお礼を言ってくれる人は少数です。お礼を受けた人からしてもうれしく思いますし、とても印象に残ります。

お礼は、同じオフィスなら、直接伝えるのがベストですが、社長など、なかなか会えない人もいます。そのような時は、メールを送ったり、秘書の方にメモを渡したりしても問題ありません。気持ちが伝わればいいのです。

以下に、お礼を言ったほうがいい場面例をまとめました。これは、あくまで一例です。今後、社会人人生を送る中で、みなさんオリジナルの「お礼リスト」をつくっていってください。

こんな時はお礼を言おう

◆入社式を開いてもらった時

お礼を言う相手：社長。社長に会いづらい場合は、メールでも構いません。

◆懇親会や親睦会を開いてもらった時、食事をご馳走になった時

お礼を言う相手：幹事や上司、先輩、ご馳走してくれた人。
翌日にもお礼を言えると◎。

◆休みをもらった時

お礼を言う相手：上司や先輩、周囲の人、仕事を代わってくれた人。
有給休暇の取得は労働者の権利ですが、お礼を言えるとより丁寧な印象を与えます。

まとめ 13

POINT 1

「みんながやっていないけど、大切なこと」をできる人になろう

POINT 2

入社式や、お休みをもらった時などにも、感謝の気持ちを伝えるとよい

POINT 3

懇親の場や食事の席を設けてもらった際は、当日＋翌日にもお礼をすると◎

基本編 14

目の前のできそうなことはする

会社に入ったら、みなさんに心がけてほしいのは「社会人できることリスト」を増やしていくことです。

入社してすぐのころは、業務で役に立てることはなかなかありません。だからこそ、元気な挨拶、返事、掃除と、できることはしっかり取り組んでほしいと思います。それと同時に、常に「何か手伝えることはないか？」と周囲を見渡し、自分でもできることを積極的に見つけていく姿勢が大切です。

例えば、先輩が複合機（プリンター）に紙を補充していたら、「○○さん、私が紙を入れます」と声をかける。社内で、たくさんの荷物を持っている先輩社員を見かけたら、「どちらまでですか？」と、運ぶのを手伝う。会議を行う際には、机の並べ替えを率先して行うなど、周りにしっかり目を配っていれば、新入社員でもできることはたくさん見つかります。

そして、「先輩、これはどのタイミングで行えばいいですか？」「次からは、私がやっておきます」と言えたらベストです。これらを一つひとつ覚えて次は自分から行えれば、みなさんの「社会人できることリスト」は、確実に増えていきます。

ごくまれに「雑務をするために、この会社に入社したわけではない」と言う人がいます。こんなふうに考えている人は、今後、さまざまなチャンスを失うことになってしまいます。

先輩や上司の立場になって、想像してみてください。基本的に、入社後数年間は仕事の「依頼者」は、先輩や上司になることが予想されます。レベルの高い仕事を任せようと思った時に、先輩や上司が複合機に用紙を補充していても気がつかない後輩と、「○○さん、私がやります」と声をかけてくれる後輩がいたとしたら、後者のほうが「仕事を完遂してくれるイメージ」が湧きやすいはずです。

それに、入社してから一度も用紙を補充したことがない人が、1年経って「先輩」になった時のことをイメージしてみてください。

新入社員：「○○さん、複合機の紙がなくなりました。どこにありますか？」
先　　輩：「さぁ、知らないなぁ……」
新入社員：「誰に聞いたらいいでしょうか？」
先　　輩：「ちょっと、俺にはわからない……」
新入社員：（○○さんってこの1年間、何をしていたんだろう……？）

こんな先輩は、かなりまずいと思いませんか。入社1年目は知らなくても許されることでも、２年、３年と経ってから誰かに尋ねたりすると、「そんなことも知らないの？」「今さらどうしてそんなことを聞くの？」と呆れられてしまいます。みなさんは「困った先輩」にならないためにも、「自分でもできそうだ」と思ったことは自ら進んで行うようにしてください。

以下に、入社１年目の社員でも手伝えるようなことの一例をまとめました。業種や職種によっても異なりますが、「何を手伝えばいいのかわからない」という方は、参考にしてみてください。

新入社員でもできること

- [ ] 会社にかかってきた電話に出る
- [ ] 複合機の用紙を補充する
- [ ] 荷物を運ぶ、重そうな荷物を代わりに持つ
- [ ] 足りなくなった備品を補充する
- [ ] 会議の際、会議室の机を並べる
- [ ] 書類のコピー／スキャンをとる
- [ ] 書類を整理／ファイリングする
- [ ] 不要になった書類をシュレッダーにかける
- [ ] いっぱいになったシュレッダー／ゴミ箱のゴミを捨てる

など

まとめ 14

POINT 1

「何か自分でも手伝えることはないか」と、
積極的に見つけていく姿勢が大切

POINT 2

誰かが複合機の用紙を補充していたり、
荷物を運んでいるのを見たら、すぐ手伝おう

POINT 3

目の前のできそうなことをすることで、
「社会人できることリスト」を増やしていこう

基本編 15

「何かできることはありますか？」と聞く

先ほど「目の前のできそうなことはする」の項目で「周囲に目を配り、自分でもできそうなことは積極的に手伝おう」とお伝えしました。これを、新入社員研修の場でお話しすると、必ずと言っていいほど、以下のような質問が返ってきます。

「気をつけているつもりでも、私は気が利かないタイプなので、自信がありません……」
「オフィスを見渡していても、できそうなことがないんです」
そんな時に使える、魔法の言葉があります。それは、先輩など周りの人に「何かできることはありますか？」と聞いてしまうことです。

会社に入って間もないころは、どうしても「待ち」の時間が多くなってしまいがちです。例えば、先輩から仕事を教えてもらう予定が、先輩に急ぎの業務が入り「ちょっと待っててね」と言われてしまった。もしくは、上司に依頼された仕事を完了し、次の仕事をもらおうと思ったら、上司が外出してしまっていた。このような時、多くの新入社員は「待っている間は、何をすべきなんだろう……」と困惑してしまいます。

余談ですが、中には、上司が社内にいるのにもかかわらず、「終わりました」と報告せず、声をかけられるのをひたすら待っている新入社員もいます。上司からすれば、「報告がない＝完了していない」という認識なので、自分から声をかけない限りは、ずっと「待ち」の状態になってしまいます。きちんと、完了報告をするようにしましょう。

話を戻します。突発的に空き時間ができてしまった時、まずは近くにいる先輩や同じ部署の人に、「今日依頼されたことが終わったのですが、私に何かできることはありますか？」「今、〇〇さんの戻りを待っているのですが、それまで手空きの状態なので、何かお手伝いできることがあれば、おっしゃってください」と聞いてしまうのです。

すると、「じゃあ、この冊子に貼られている付箋をすべて剥がしておいてくれる？」「５ページと10ページと12ページをスキャンしておいてほしい」「私はとくにないけど、××さんが忙しそうだから、聞いてみるといいと思うよ」と、「自分にできそうなこと」が回ってくるようになります。いくら気配りができる人でも、先輩の机に置かれている書類を見て「付箋を剥がしておこう」「スキャンをとっておこう」とまでは、思考が及びません。というよりも、勝手にやってしまったら、それはそれで問題だと思います。けれども「何かできることはありますか？」と尋ねるだけで、手空きの状態から一転、自分にもできる仕事が見つけられるのです。

付箋を剥がしたり、スキャンをとったりする作業自体は、誰でもできることなのですが、この単純作業を、みなさんのスキルアップにつなげる“コツ”をお伝えします。それは「どうしてこの冊子に付箋を貼っていたのですか？」「たくさんページがある中で、５ページと10ページと12ページだけをスキャンするのはなぜですか？」と、さらに一段階、深掘りして質問することです。

すると、先輩は「この冊子は、△△さんの商談の際に取り寄せたもので、気になる箇所をピックアップしていたんだよ」「この前、会議で取り上げられた重要なところだけ、スキャンして保存しておこうと思って」などと、教えてくれるはずです。みなさんは、付箋を外したり、スキャンをしたりしながら「先輩は、ここをピックアップしたんだ」「うちの会社は、これを大事だと思っているんだな」と「お勉強」もできるというわけです。

入社１年目に「何かできることはありますか？」と何回言えたか。一見、雑務に見える仕事から、仕事をするうえで重要となるエッセンスを、どれくらい吸収できたか。ぼうっと待っている人と、積極的に動けた人とでは、数年後には大きな差が開いているでしょう。

まとめ 15

POINT 1

手が空いた時には、周囲の人に、
「何かできることはありますか？」と聞こう

POINT 2

周囲に聞くと、自分では気づけないことも、
上司や先輩から依頼をしてもらえる

POINT 3

一見雑務に見える仕事をすることで、
仕事で必要な知識やコツを得ることができる

基本編 16

相手のほうを向き集中する

「誰かに話しかけられたら、相手のほうを向きましょう」「作業をしていても、いったん手を止めて、相手の話に耳を傾けましょう」。すごく、当たり前のことのように思えますが、これができていない人は多いです。例えば、以下のようなケースです。

絶対にやってはいけない対応例

先輩：「笹田くん」

笹田：「……」

（ちらりと振り向くが、パソコンのキーボードは叩き続ける）

先輩：「ねぇ、笹田くん、聞いてる？」

笹田：「……あ、ハイ」

（それでも、パソコンのキーボードを叩き続ける）

先輩：「これなんだけどさ、明日までにって言ってたけど、今日中にできる？」

笹田：「……」

（えぇ〜、今、〇〇さんから急ぎの仕事を頼まれてるのに……）

先輩：「……できないかな？　今日が難しかったら、明日の午前中でも」

笹田：「……あ、ハイ」
（「急ごう！」と、とにかくパソコンのキーボードを叩き続ける）
先輩：「ありがとう……」
（なんか、笹田くんって感じ悪いなぁ……）

たとえ、ものすごく急ぎの仕事を依頼されて、それに集中している時に話しかけられたとしても、話しかけてきた相手のほうを向かないというのは、とても失礼なことです。

ごくまれに「パソコン操作をする手を止めず、片手間に話を聞くのがカッコイイ大人」と勘違いしている人もいます。本書を読んでくださっているみなさんは、そんなふうに考えてはいないと思いますが、作業をしながら話を聞く癖がある人は、改めるようにしてください。相手に呼ばれたら、まずは「ハイ」と返事をする。それと同時に、相手のほうに体を向ける。「急ぎの仕事の対応中」であることを伝えるのは、その後でも遅くはありません。

たまに、当社の研修を検討くださっている社長や人事部長から、「まったく今の新人はさ、名前を呼んでも返事しないし、話を聞いているのかもわからない」という相談を受けます。そのたびに、私は残念な気持ちになります。なぜなら、私は新入社員が一生懸命、仕事に取り組んでいることを知っているからです。目の前のことに必死になっているからこそ、返事がおろそかになってしまったり、手を止めずに作業したりしていることを理解しています。ただ、これでは相手に与える印象を悪くし、結果、みなさんが「損」をしてしまいます。

誤解しないでほしいのが、「ハイ」と返事し、一度手を止めたからと言って、相手からの要求（先ほどの例で言うと『明日中の仕事を今日中に』）を、すべて受け入れる必要はないということです。一度「ハイ」と言っても、その後の回答は「いいえ」でも「わかりません」でも構わないのです。

先述の「絶対にやってはいけない対応例」を正しくするなら、以下のようなイメージです。

たとえ「お断り」でも相手に好感を与える対応例

先輩：「笹田くん」

笹田：「ハイ」（手を止め、先輩のほうへ体を向ける）」

↑ **ポイント**

先輩：「これなんだけどさ、明日までにって言ってたけど、今日中にできる？」

笹田：「すみません、今〇〇さんからの急ぎの依頼に対応していて……」

先輩：「そうだったんだ、忙しい時に話しかけてごめんね」

笹田：「これが終わった後なら、取り掛かれます」

先輩：「そういうことなら、明日の午前中にできていれば十分だから」

笹田：「わかりました！　なるべく、急ぎますね」

先輩：「うん、ありがとう」

（笹田くんはやる気があっていいなぁ……）

まとめ 16

POINT 1

相手に呼ばれたら「ハイ」と返事をする。
同時に、相手のほうに体を向ける

POINT 2

その際、急ぎの仕事をしていたとしても、
作業をしている手はいったん止めること

POINT 3

一度「ハイ」と返事をしても、その後は、
「いいえ」「わからません」でも構わない

基本編 17

メモをとって見返す

みなさんは、日頃からメモをたくさんとるほうですか？　若いうちは記憶力もいいので「あまりとらない」という方もいるかもしれません。けれども、私は社会人になったら、できるだけメモはとっておいたほうがいいと思います。今はあまり実感がないかもしれませんが、年齢を重ねるごとに、記憶力は衰えていきます。それに、重要な仕事を、自分の記憶だけを頼りにこなしていくのは危険です。

メモは、必ずしも紙にとる必要はありません。スマートフォンに打ち込んでも、タブレットを使っても、みなさんがとりやすいようにしていただいて構いません。電子機器を使う場合は「メモをとります」と一言添えたほうがいいでしょう。突然、無言でスマートフォンを触りはじめたら、相手に「何でスマホをいじってるの？」と誤解される可能性があるからです。

中には「上司や先輩の前でスマートフォンを操作するのは抵抗がある」という人もいます。けれども、先述のように「メモのため」と言えば、まったく問題ありません。むしろ、メモをとらないほうが、「どうしてメモをとらないの？」「本当に一度の説明で覚えられる？」「ひょっとして、たいしたことがない内容だと思っている？」と、相手に不信感を与えることもあります。メモをとるということは「あなたの話は重要です」「しっかり話を聞いていますよ」というシグナルを送ることにもなるのです。

それに、社会人は「カンニングし放題」です。学生時代は、授業の内容をノートにまとめ、それを一生懸命に暗記し、試験に臨んでいたと思います。暗記が得意な人はよい成績を収められますが、苦手な人は勉強に苦労したことでしょう。かと言って、ノートを見ながら試験を受けるのは当然、ご法度です。

しかし、社会人は仕事をしながら「メモを見てはいけない」という決まりがありません。つまり、いつでもカンニングし放題なのです。それなら、自分のあいまいな記憶をたどって仕事をするより、仕事で必要な内容が記されたメモを見返しながら行ったほうが、より確実に、質の高い仕事ができると思いませんか？

メモをとる際、優しい上司や先輩なら、みなさんの書く速度に合わせてゆっくり話してくれたり、時折、話すのを止めて、みなさんのメモが追いつくのを待ってくれたりします。しかし、全員がそうではありません。一方的に用件を話し、「わかったな？　じゃあ、よろしく」と立ち去ってしまう人もいます。

中途半端なメモしかとれていないと、困るのはみなさんです。メモをとっている時に「すみません、今書いているので、ちょっとだけ待ってください」と言って、いったん話を止めてもらう。「申し訳ありません。今のところ、聞きとれなかったので、もう一度お願いできますか？」と尋ねる。そして、話を再開してもらう場合は、「ありがとうございました、続きをお願いします」と言えばいいのです。上司や先輩に対してこんなふうに言うことは、まったく失礼なことではありません。

それよりも、わからないのに「わかったな？」と聞かれて、「ハイ」と答えてしまうほうが問題です。きちんとメモに残せていないのに、それを延々と眺めても、答えにたどり着けることはありません。頭に「？」を浮かべたまま仕事を進め、それを提出した時に、「全然、できていないじゃないか！」と怒られるのはみなさんなのです。

まずは、指示内容や教えてもらったことを確実にメモするようにしてください。メモすることに慣れてきたら、ステップアップして「プラスアルファ」の情報もメモに残すといいでしょう。

まとめ 17

POINT 1

仕事の指示を受ける時や、
何かを教えてもらう時は、メモを必ずとる

POINT 2

「今からメモをとります」と伝えておけば、
メモはスマートフォンやタブレットでもOK

POINT 3

メモが十分にできない時には、遠慮をせず、
話を止めてもらったり、再度質問をすること

基本編 18

付箋で一言添える

さっそくですが、クイズです。みなさんはある先輩に、仕事に関する本を借りました。この本は、仕事を進めるうえでとても役立ちました。みなさんは、先輩に「ぜひ、お礼を言いたい」と考えています。そうして、本を返しに行きますが、来る日も、来る日も先輩は席にいません。こんな時は、以下のうち、どの行動が適切だと思いますか？

①お礼を直接伝えるため、先輩に会えるまで何度も通う
②早く返すためにも、ひとまず先輩の机に本を置いておく。お礼は、次回会った時に直接伝える
③早く返すためにも、ひとまず先輩の机に本を置いておく。その際、付箋で「ありがとうございました。とても役立ちました」とメモを残しておく

正解は③です。

もちろん、本人が在席している場合は、直接手渡します。①も間違いではありませんが、何度伺っても先輩は席にいないことから、このままでは、本を返すのがどんどん遅くなってしまいます。ひょっとしたら、先輩もその本を使いたいと思っているかもしれないので、そういう意味では直接手渡すことにこだわりすぎるのもよくありません。

②は、早く返却するという点はいいのですが、本だけを置き去りにしてしまうのはおすすめできません。先輩からすると、席に戻ったら貸したはずの本が置かれており、「役に立たなかったのかな？」と思ってしまう可能性もあります。人によっては「ぶっきらぼう」な印象を与えてしまうかもしれません。「よかれ」と思って早く返却したことが仇となるのは、非常にもったいないことです。

それに、ただでさえ、なかなか会えなかった先輩です。「次回会った時に直接お礼を言おう」と思っていても、ずいぶん先になってしまう可能性があります。そういう意味でも、本を早く返せて、お礼も伝えられる③がベストアンサーです。いったん付箋で感謝の気持ちを伝えておき、その後、直接会うことがあれば、改めて「ありがとうございました」と言葉で伝えたらいいのです。

社会人になって、もう25年以上経過している私ですが、いつもカバンには付箋を入れて、持ち歩くようにしています。付箋は何かと便利です。ちょっとしたことをメモしておきたい時や、不在中の相手の方に対して、伝言を残すこともできます。「リアクションを直接言葉で伝える」の項目で、メールやチャットを送った後に「送りました」と言葉で伝える重要性について、お話ししました。相手がいつも近くにいればそれで事足りますが、時には、伝えたい相手がなかなか席に戻ってこないこともあります。別のフロアなど、近くにいない人に連絡したいこともあるでしょう。内線があれば電話をかけられますが、その人も、いつも電話に出られるとは限りません。このような時も、付箋で「○○さんへ。メールを送っているので、お手隙の際にご確認ください」と書いておけば、相手に十分伝わります。

上司や先輩に、資料集めを依頼された際も、集めたものをそのまま相手の机に置いておくのではなく、「○○さんへ。××の件の資料を置いておきます。不足がありましたら、△△までお申し付けください」と、付箋にメッセージを添えておけば、とても丁寧な印象を与えます。

付箋に書くこと

◆相手の名前／自分の名前

◆内容

「お借りしていた○○をお返しします」「××の資料を置いておきます」など

「とても役立ちました」「不足があれば言ってください」といった言葉も添える

まとめ 18

POINT 1

伝えたいことがある相手が不在中の時は、
付箋を使ってメッセージを伝えよう

POINT 2

依頼された仕事も、借りていた物の返却も、
「机にそのまま置く」ことはしないように

POINT 3

用件だけでなく、付箋に一言添えておくと、
相手に自分の気持ちも伝えられて◎

基本編 19

忙しく見えても遠慮をしない

最近の若い方は、思慮深い人がとても多い印象です。仕事でも、相手を気遣うあまり「今、声をかけちゃまずそうだな」「忙しそうだから、報告はもう少し後にしよう」というふうに考えて行動している方がたくさんいます。

それでも、きちんと後で報告ができればいいのですが、気がつけば、上司は外出してしまい、そのまま直帰……。「忙しそう」「もう少し後にしよう」を繰り返しているうちに、当人が報告を忘れてしまう……といったケースもよく見られます。

ほとんどの新入社員が、いわゆる「ホウレンソウ（報告・連絡・相談）」の重要性を理解していることを、私は知っています。新入社員研修でも、必ずと言っていいほど「ホウレンソウは大切ですよ」ということを習います。

新入社員の立場から見れば、上司や先輩がいつもニコニコしているのなら、遠慮することなくホウレンソウができるわけです。けれども、現実は、仕事に追われてバタバタと動き回っている上司、トラブル対応中でどことなく不機嫌な先輩……と、常にたやすく話しかけられる雰囲気ではないのはたしかです。

それでも、みなさんは報告・連絡・相談を怠ってはいけません。ホウレンソウができなかったがために、仕事を上手く進められなかったり、言われた納期を守れなかったりしたら、叱られるのはみなさんなのです。後で上司に「おい、あれはどうなってるんだ！」と注意されても、「〇〇さんが忙しそうだったので、報告できませんでした」とは、とても言えないはずです。仮に、言ったとしたら、そこで再び上司の「大噴火」が起こってしまいます。

上司や先輩が「忙しいけれど、報告・連絡・相談は聞ける」状態なのか。もしくは、「報告・連絡・相談を聞くこともできないくらい忙しい」かどうかは、こちらから推測することは不可能です。みなさんにできることは、まず「今、少々よろしいでしょうか？」「お時間をいただくことはできますか」と、ワンクッションを入れて聞いてみる。意外と、時間をとってくれる場合もありますし、「忙しいから、もう少し後で」「ちょっとだけ待っていて」と言われることもあります。こうなれば、上司や先輩は、自分が新入社員の仕事を止めてしまっていることを把握しているので、みなさんからの報告が遅くなったとしても、叱られることはありません。

ひょっとしたら、中には「今、忙しいから！」と、厳しい口調で言う上司や先輩もいるかもしれません。でも、気にしてはいけません。こういう時ほど、報告が後になった際に「なんでもっと早く言わないの！」という事態になったりします。

それでも、声をかけていいか悩む場合は、周囲の人に「〇〇さんって、今話しかけたらまずいでしょうか？」と聞いてみるのもひとつの手です。新入社員からは、とても忙しくしているように見えても、ずっと会社にいる人からすれば、「あれくらい、いつものことだから大丈夫」というケースもあります。反対に「今、〇〇さんは××の件でトラブル対応しているから、もう少し後のほうがいいかも」ということもあります。

もうひとつ、ここでも前項の「付箋で一言添える」を使う方法があります。付箋に「ご報告があるので、後ほどお時間ください」と記し、仕事に追われ、ずっと社内をバタバタと動き回っている上司の机に貼っておく。あるいは、トラブル対応中で、ずっと電話で話しっぱなしの先輩に「すみません……」と申し訳ない雰囲気を出しながら、付箋を残していく。とにかく、自分で報告・連絡・相談の「ボール」を持ち続けるのではなく、一度相手にパスすることが大切なのです。

まとめ 19

POINT 1

相手が忙しそうに見えても、
「報告・連絡・相談」はとくに遠慮しないこと

POINT 2

話しかけていいか判断がつかない場合には、
周囲の人に確認するか、付箋で伝えると◎

POINT 3

「報告・連絡・相談」については、
「ボール」を自分で持ち続けないことが重要

基本編 20

敬語を気にしすぎない

新入社員から寄せられる相談の中で、とくに多いのが「敬語がきちんと話せない」というものです。

そのため、一般的に行われている新入社員研修では、半日くらいかけて敬語をしっかり教えるところもあります。敬語を尊敬語・謙譲語・丁寧語にきちんと分類し、「この言葉を尊敬語に直してみましょう」といったテストを行っているところもあります。

けれども、膨大な量の尊敬語・謙譲語・丁寧語を、すぐに覚えられる人はいないでしょう。半日みっちり勉強したところで、今まで話してこなかったような言葉を、すぐに使いこなせるようになるとも限りません。

それに、私はそもそも、相手に対して尊敬の念を抱いていれば、必ずしも完璧な敬語を話す必要はないと思っています。

以前、コールセンターで研修講師をしている同業の知人から、こんな話を聞きました。そのコールセンターでは、ある実験をしていました。クレームの電話がかかってきた際、以下の二つの方法で対応し、どちらのほうがお客様の満足度が高かったかを調査したのです。

①お客様からの電話に対して、尊敬語・謙譲語・丁寧語を間違いなく使って応えた。やりとりの内容よりも、誤りのない敬語を使うことを徹底した
②冒頭、心を込めて「このたびはご迷惑をおかけし、誠に申し訳ございませんでした」と謝り、その後は尊敬語・謙譲語・丁寧語を間違えながらも、適切なやりとりをした

調査の結果、文法的にはおかしいところがあったのにもかかわらず、②のほうが、お客様の怒りが鎮まるのが早いということがわかりました。

ここからわかるのは、お客様も「敬語の正しさ」より、「しっかり心が込められているか」や「やりとりの適切さ」を重視しているということです。多少、文法が間違ってしまっていても、一生懸命に話をしていたほうが、相手に気持ちが伝わりやすいということでもあります。

会社でも「正しく敬語を使おう」と意識するあまり、本来報告すべきことがきちんと報告できなかったり、上手く伝わらなかったりするほうが問題です。実際、自分の話し言葉を「正しい敬語に変換しなければいけない」と思うあまり、上司に声をかけられなかったり、報告が遅れてしまったりするケースもあります。会社の仕事は、国語の試験ではありません。過度に気にする必要はないのです。

極端な言い方をすれば「はじめ」と「おわり」だけをきちんと整え、間の報告は「ですます調」になってさえすれば問題ありません。

例えば、以下のようなイメージです。

「はじめ」と「おわり」を整えた会話例

笹田：「山本さん、今、お時間よろしいでしょうか」
↑ポイント

山本：「うん、どうしたの？」

笹田：「山本さんがさっき言っていた（→正しくは「おっしゃっていた」など）スケジュール表って、どこにありますか？　探しても見つからなくて……」

山本：「あぁ、ごめんごめん。まだアップロードしてなかった。はい、今、アップしたよ」

笹田：「お忙しいところをありがとうございます！　お手数をおかけしました」←ポイント

こんなふうにして、はじめとおわりがきちんと敬語になっていれば、それとなく丁寧な印象になります。どうしても敬語が難しいと感じる人は、はじめとおわりの文だけ、定型文として覚えてしまうといいでしょう。

まとめ 20

POINT 1

敬語は完璧でなくてもよい。
相手に対する尊敬の気持ちのほうが重要

POINT 2

会話の「はじめ」と「おわり」を整える。
途中は「ですます調」になっていればOK

POINT 3

「正しい敬語を話すこと」よりも、
「正しい内容で相手に伝えること」が大切

基本編 21

問題発生時や困ったことは報告する

仕事をしていると、予想外のハプニングが起こったり、時には、うっかりミスをしたりしてしまうことがあります。

そのような時に、一人でその問題を抱え込む必要はありません。まずは、上司や先輩など、周囲の人に相談してみましょう。新入社員のみなさんには、その権利があります。

とくに、１年目のうちは、どんどん周りの人を頼るようにしてください。そうして、トラブルに対する対処法や、もう一度ミスをしないための予防法を学んでいきます。１年目のうちは聞くことができた内容も、３年目になると「そんなことも知らないの？」と白い目で見られてしまうかもしれません。今のうちに、しっかり聞いておいてください。

「こんなこと、相談してもいいのかな」「どうしよう、どうしよう……」。そんなふうに迷った時は、すぐに報告・連絡・相談です。

トラブルが起きた際、上司から「あれ、どうなってるの？」と聞かれる前に報告していれば「説明」ですが、聞かれた後の報告では「言い訳」に聞こえてしまいます。ミスをしてしまうと、遅かれ早かれ、上司には伝えなければなりません。どうせなら、早く話して「説明」にしたほうがいいと思いませんか？

トラブルやミスでなくても、わからないことや困ったことがあれば、遠慮する必要はありません。

例えば、一度は説明を聞いたはずの仕事の進め方を忘れてしまった場合でも、一人でくよくよ悩んでいるより、もう一度、上司や先輩に聞いてしまったほうが早いです。

この場合「一度聞いたのに忘れてしまった」と自覚がある時は、まずは素直に謝ります。「○○さん、これ、この前も聞いたんですけど、自分のメモが不十分で……。もう一度、教えていただけますか？」といった具合です。こんなふうに言われると、上司や先輩も「以前に教えたことは認識してくれているんだな」と、それほど悪い気はしません。

もし、一度教えてもらったことを忘れていて、同じことを上司や先輩に聞いてしまった挙句、「前にも言わなかったっけ？」と尋ねられた場合も……まずは素直に謝ります。そして「私の理解が及んでおらず、すみません。お手数をおかけしますが、もう一度教えてもらえますか？」と伝えます。新入社員は覚えることがたくさんありますから、一度忘れたくらいで、叱る人は少ないはずです。

ただ、改めてもう一度教わったことは、忘れないようにしましょう。初回のメモが不十分だった場合は、二回目はしっかりとメモをしておきましょう。

同じことをもう一度教わる時のフレーズ例

①まずは謝る

「忘れてしまい、申し訳ありません」

②状況を説明する

「この前も聞いたのですが、自分の理解が不十分で……」

「私の理解が足りていなかったようです」

「せっかく教えていただいたのに、定着しておらず、すみません」

③もう一度、教えてもらう

「お手数をおかけしますが、もう一度教えていただけますか」

なお、上司や先輩も、複数の部下や後輩を同時に見ています。時には、違う部下や後輩に教えたことであるにもかかわらず、「前にも言わなかったっけ？」と言われるケースもあります。いわゆる、相手の思い違いです。

こういう時、「聞いてないですよ〜」と言えるかどうかは相手との関係性にもよりますが、「絶対に教えてもらっていない」と思っても、基本的には流すのがベターです。無用なさざ波を立てる必要はありません。「誤差の範囲」だと思って気にしないでください。

まとめ 21

POINT 1

トラブルやミスが起きた時には、
上司や先輩にすぐ報告・連絡・相談をしよう

POINT 2

問われて答えたら「言い訳」になる内容も、
先に伝えておくことで事前の「説明」になる

POINT 3

教えてもらったことを忘れたら、まず謝り、
今回は確実に覚えられるようにメモをとる

基本編 22

上手くいったこと、褒められたことを伝える

「先日はミスをフォローしていただき、ありがとうございました」
「○○の件、××さんのおかげで問題解決しました」

困ったことを解決してもらった時、トラブルに対処してもらった時は、「ありがとうございました」と言える人が多いです。言わば「マイナス」の状態を「ゼロ」の状態に戻せた時です。

けれども、「ゼロ」から「プラス」に転じた時は、どういうわけか、感謝の想いを伝える人が、ぐんと少なくなります。本書でひとつ目に取り上げた項目「就職のお礼を言う」もしかりです。

初めて仕事を受注できた時、初めてお客様から褒められた時……。本来であれば、こういう時こそ上司や先輩に報告するべきだと思います。

今の若い方の中には、「自分に起こったよいことを、シェア

しないほうがいい」という風潮があるように感じます。例えば、就職活動でいち早く内定が出た際も、仲間内で積極的にそのことを共有しない学生が多いです。「それ、自慢？」と思われるのが嫌なのだと言います。しかし、社会人になるとまた状況は変わります。

上司や先輩の視点に立って考えてみてください。もし、みなさんが面倒を見ていた部下・後輩が、新人営業成績１位を獲得したとします。「○○さんのおかげで、新人営業成績１位を獲得することができました」「××を教えていただいてから、私の成績が飛躍的に伸びました。本当に感謝しています」と報告されると、どんな気持ちになりますか？　「もちろん、△△さん（部下・後輩）の努力のたまものだけれど、自分もその成果に、一役買っているんだ」と思うと、うれしくなりませんか？　わざわざ「○○さんのおかげ」と言いに来てくれたら、次からも積極的にサポートしてあげようと考えるはずです。

反対に、その結果発表を、社内のポータルサイトなど外部から知ると、どうでしょう？「新人営業成績１位は△△さん（部下・後輩）」と書かれているのを見て、「よかったね」とは感じても、それ以上の感情は湧き起こってこないのではないでしょうか。

私は、人と人との絆の深まりを、よく「道」に例えます。はじめは、上司や先輩と自分との間には、道と呼べるような道がありません。けれども、上司や先輩に「○○さんのおかげで、新人営業成績１位を獲得することができました」と報告しに行くと、そこにみなさんが踏みしめた１本の道ができます。その後、ことあるごとに上司や先輩のもとを訪れ、「これも上手くいきました」「あれも上手くできました」と報告すると、そのたびに道が踏み固められることになります。次第に、道幅も広がり、やがて１本の大きな道路になるかもしれません。みなさんと上司や先輩との間に大きな道、つまり「絆」ができるのです。

会社の中を見渡すと、時折「あの子は先輩にかわいがられていて、いいな」と言われているような人がいます。実は、その人はコミュニケーション能力があったり、先輩に媚びを売っていたりするのではなく、単に「上手くいったことをきちんと報告している」だけだったりします。

新入社員のうちはとくに、自分が上手くいったことや褒められたことは、上司や先輩のバックアップがあってのことが多いです。そんな時には、上司や先輩にも報告をすると、きっと上司や先輩も喜んでくれるはずです。

自分によいことがあったら、すぐに「プラス」の報告をすることで、上司や先輩との関係性もさらに「プラス」にしていってください。

まとめ 22

POINT 1

トラブルだけでなく、上手くいったことや、
褒められたことも、上司や先輩に伝えると◎

POINT 2

第三者から上司や先輩に伝わるより前に、
自分が直接、上司や先輩に伝えることが大切

POINT 3

「プラス」の報告を繰り返し行うことで、
上司や先輩とのいい関係性を築いていける

基本編 23

意見や考えをまとめてから伝える

突然ですが、みなさんは「あがり症」ですか？　あがり症とまではいかなくても、上司や先輩に報告や相談する際、緊張してしまうタイプですか？

ここまで、報告の重要性をお伝えしてきましたが、多くの方は素直に「やってみます！」と言ってくれます。けれども、問題は「報告すべきことをまとめないまま、上司や先輩のところへ行き、しどろもどろになってしまう人」が一定数いるということです。

親しい友人との会話なら、報告事項や相談したいことについて、とりとめもなく話してしまっても、問題はないと思います。言いたいことがその場で思い出せなくても、「後で連絡するね」で済むかもしれません。

しかし、会社ではそういうわけにはいきません。「忙しく見えても遠慮をしない」の項目で、たとえ上司や先輩が忙しくしていても、みなさんは報告や相談を遠慮する必要はないと言いました。それはその通りなのですが、相手に時間をとってもらう以上、最低限「報告・相談したいこと」は頭の中で整理して、声をかけたほうがいいと思います。

お話し上手な人なら、整理せずに「ちょっといいですか」と声をかけ、そのまま言いたいことを上手く伝えられるかもしれません。ですが、話すことが苦手だったり、上司や先輩の前で緊張してしまう人は、あらかじめ、箇条書きといった形でメモをつくったりしておくことをおすすめします。以下のようなイメージです。

理想の報告の流れ

笹田：「課長、ちょっとお時間いいですか」

課長：「うん、どうしたの？」

笹田：「相談したいことが、大きく分けて二つあります。ひとつ目は、〇〇の件で、二つ目は××の件です」

↑ **ポイント**

課長：「××は急ぎだから、先にそちらから聞こうか。〇〇は、急いでいないから、長くなるようなら、後にしてもいいかな？　これから出かけないといけなくて」

笹田：「お忙しいところをありがとうございます。では××ですが……」

上記の例で、もしメモをつくらず、いきなり「〇〇の件」から話しはじめてしまっていたら、課長から「それは急いでいないから、後でいいよ」と会話を中断されていたかもしれません。

もしくは、出かけなければいけないところを、課長が我慢して聞いてくれることになる可能性もあります。

私は、慣れないうちは、お話し上手な人でも、箇条書きのメモをつくって報告や相談に行ったほうがいいと思っています。報告している中で、上司から「ここはどういうこと？」「この件はどうなった？」と質問されるうちに話がどんどん逸れていき、当人が肝心の言いたいことを忘れてしまう可能性もあります。普段はあがり症でない人も、報告する相手が威圧的な態度だったら、思わず緊張してしまい、報告事項が頭から抜け落ちてしまうこともあります。

私は今でも、あまり電話をしたことのない相手や、重要な要件を複数伝える必要がある時は、伝えたいことを箇条書きにしたメモをつくります。そうすることで、焦らず、確実に、相手に伝えられるからです。

みなさんの意見や考えをしっかりと伝えることができるように、まずは事前にまとめてメモするようにしましょう。そうすることで、安心して意見や考えを伝えられるようになります。ぜひ試してみてください。

まとめ 23

POINT 1

上司や先輩に報告・相談に行く時は、
まず「伝えたいこと」を整理しておくとよい

POINT 2

「伝えたいこと」をメモに箇条書きにして、
そのメモを見ながら伝えると◎

POINT 3

慣れない相手や、大切なことを伝える際は、
箇条書きのメモは必須。確実に伝えられる

Chapter 3

実務編

実務編 24

依頼を理解するまで聞く

仕事におけるあらゆるミスの元凶が、実は、正しく依頼を理解できていないことにあります。

参考として、研修でもよく例に挙げる「黒酢たまねぎドレッシング事件」についてお話ししましょう。

突然ですが、私は結婚しています。ある時、妻から「ドレッシングが切れたから、仕事帰りに買ってきて」と連絡が入っていました。私は素直に従い、帰りにコンビニに寄って、その店で取り扱っていた「和風ドレッシング」を買って帰りました。もう数分ほど先に行けばスーパーもあったのですが、ドレッシングが切れたとのことだったので、少しでも早く買って帰ったほうがいいだろうと、配慮したつもりでした。

ところが、私が買ってきた和風ドレッシングを見た妻は、開口一番「なんで黒酢たまねぎドレッシングじゃないの !?」「しかも、コンビニみたいな高いところで買うなんて！」と不機嫌に。お礼を言われると思いきや、真逆の反応だったのです。

私としては、「いや、『黒酢たまねぎ』って指定されていないし……」「妻が『これじゃなきゃダメ！』というくらい黒酢たまねぎドレッシングが大好きなら、迷わず黒酢たまねぎを選ぶけれど、そういうわけじゃないし……」「急いでいないのなら、そう言ってくれたらよかったのに……」と、いろんな言い分が頭の中を渦巻きました。

けれども、ここで言い訳をしてはいけません。頭に浮かんだ反論を実際に言おうものなら、「どうしてどのドレッシングが少なくなっているのか、日頃からチェックしていないの!?」と別の怒りを呼ぶこととなります。夫婦関係と仕事に、言い訳はご法度です。

つまり、私は妻から依頼を受けた時点で、以下のことをしなければならなかったのです。

「黒酢たまねぎドレッシング事件」から学ぶ、正しい依頼の受け方

妻：「ドレッシングが切れたから、仕事帰りに買ってきて」
私：「わかった。どのドレッシングを買えばいい？」
↑ **ポイント①**
妻：「黒酢たまねぎドレッシングをお願い」
私：「わかった。どこで買えばいい？」 ← **ポイント②**
妻：「○○スーパーが安いと思う」
私：「わかった。○○スーパーで黒酢たまねぎドレッシングだね」 ← **ポイント③**

依頼者（この場合は妻）からすると、「ドレッシングが切れたから、仕事帰りに買ってきて」と言った時点で、頭の中に「黒酢たまねぎドレッシング」という「答え」が浮かんでいます。しかし、依頼の受け手（この場合は私）は、依頼者の頭の中を覗くことはできません。

だからこそ私は、一度「わかった」（仕事の場合は『ハイ』）と返事をしたうえで、「どのドレッシングを買えばいい？」と聞かなければならなかったのです（**ポイント①**）。

ただ、妻から「黒酢たまねぎドレッシング」と回答が返ってきても、ここで油断してはいけません。せっかく正しいドレッシングが買えても、コンビニで買おうものなら「高いところで買うなんて！」と、結局怒りを買ってしまいます。ここでも、どこで買うのが適切かわからなければ、「どこで買えばいい？」と確認するべきなのです（**ポイント②**）。

そうして、「〇〇スーパー」という具体的な指示が出て、どこで、何を買うのかイメージができるようになって初めて「〇〇スーパーで黒酢たまねぎドレッシングだね」と依頼内容を復唱します（**ポイント③**）。復唱も、依頼を聞くうえでとても大切なことなので、こちらについては次項の「復唱する」で詳しく解説します。

では、実際の仕事のシーンで考えてみましょう。例えば、上司から以下のような指示があったとします。

「株式会社〇〇さんに提出する提案書を、去年に出しているこれを真似て、ニュアンスもこんな感じで、金額もだいたい10%割引きくらいでつくってみて。夕方までに頼むね」

かなりふわふわしたオーダーですが、こんなふうに指示を出す上司は本当にいます。依頼を受けた人からすると、「真似るってどこまで？」「こんなニュアンスってどんなニュアンス？」と頭の中が「？」でいっぱいになると思います。指示を出した側は、頭の中に「正解」が浮かんでいます。けれども、依頼を受けた人からすると、この情報だけでは具体的に何をすればいいのかわかりません。このような場合は、一つひとつ、確認するようにしましょう。

正しい依頼の受け方（実践編）

上司：「株式会社〇〇さんに提出する提案書、去年に出しているこれを真似て、ニュアンスもこんな感じで、金額もだいたい10%割引きくらいでつくってみて。夕方までに頼むね」

笹田：「わかりました。……ちなみに、『真似る』って、去年の提案書をコピー&ペーストするような感じでしょうか？」

上司：「コピーしちゃあ、ダメだろう」

笹田：「そうですよね、すみません。去年の提案書のどのあたりを真似たり、ニュアンスを活かしたりすればいいですか？」

上司：「去年のものはフォーマットとして使ってもらって、テキストの内容はすべて今年のものに差し替えてくれる？　あと、語尾とか、言葉の使い方みたいなのは、去年のニュアンスを踏襲してもらえたら」

笹田：「承知しました。細かいことを聞いてすみません。10%割引きというのは、税抜きですか？　税込みですか？」

上司：「税抜金額から10%引いてもらって、そこに後から税を足せばいいよ」

笹田：「ありがとうございます。それでは、私の整理のためにも、復唱しますね……」

「こんなふうに」「これと近しい感じで」といった、抽象的な言葉が出てきた時は、とくに注意です。「どんなふうに」なのか、自分が具体的にイメージできるまで、しっかり確認するようにしましょう。

まとめ 24

POINT 1

「依頼を正しく理解できていないこと」が、
仕事が上手くいかない大きな原因になる

POINT 2

頭の中で「？」と思ったら、すぐ確認する。
わからないことをわからないままにしない

POINT 3

自分が知らない言葉が出てきた場合や、
抽象的な指示をされた場合には、とくに注意

実務編 25

復唱する

仕事の依頼を受け、その内容をきちんと理解できたら、さっそく取り掛かろうとする前に、もうひとつ行ってほしいことがあります。それが、本項の「復唱する」です。

自分としては依頼内容を正しく理解できたつもりでも、依頼をした相手との認識がわずかにズレている可能性があります。例えば「わかりました。明日までに終わらせて、課長の机の上に資料を置いておきますね」と言ったら、「いやいや、紙じゃなくて、データで送ってほしいんだ」といった具合です。復唱すれば、こうした認識の相違を未然に防ぐことができます。

もうひとつ、復唱するメリットをお伝えします。それは、復唱することで「相手が言い忘れていたことを、思い出させることがある」という点です。

先の、「黒酢たまねぎドレッシング事件」を例に見てみましょう。

「復唱」は夫婦ゲンカも仕事のミスも防ぐ

妻：「ドレッシングが切れたから、仕事帰りに買ってきて」

私：「わかった。どのドレッシングを買えばいい？」

↑ **正しく理解するために質問する**

妻：「黒酢たまねぎドレッシングをお願い」

私：「わかった。どこで買えばいい？」

↑ **正しく理解するために質問する**

妻：「〇〇スーパーが安いと思う」

私：「わかった。〇〇スーパーで黒酢たまねぎドレッシングだね」 ← **ここで復唱する**

妻：「あっ、だいたい250円未満で売っているんだけど、もし250円以上の値段なら、買わなくていいから」

↑ **復唱したことで、相手が言い忘れていたことを思い出す**

私：「そうなの？」

妻：「まだ、ほかのドレッシングなら家にあるから。250円以上するようなら、私がまた後日に買っておくから」

もし、私が復唱をしなかった場合、妻から「もし250円以上の値段なら、買わなくていい」という指示を引き出せませんでした。復唱することで、相手も要件を再確認できるだけでなく、認識のズレや、言い忘れていたことを思い出すことがあるのです。

黒酢たまねぎドレッシングひとつとっても、いい上司なら依頼時点で以下のように指示してくれます。

「黒酢たまねぎドレッシングがなくなったから、〇〇スーパーで買ってきてくれる？　ほとんどの場合、250円未満で売っているけれど、もし、250円以上だったら買わなくていいから。それなら、特売のタイミングで買うようにするから」

しかし、上司も人間です。はじめから、こんなふうに漏れなく的確な指示を出すのは難しいものです。みなさんがその場で確認し、復唱することで、正しい意思疎通ができ、指示漏れが発生しないよう努めてあげてください。

復唱する際は、上司が言ったことを一語一句、すべて言う必要はありません。復唱はあくまで相互理解を図るためのものなので、「黒酢たまねぎドレッシングですね」「〇〇スーパーで買うのですね」とポイントだけ押さえて確認するようにしましょう。

はじめは大変に感じるかもしれませんが、回数を重ねることで、必ず慣れていきます。そうすると、一回の復唱にかかる時間も短くなります。

この復唱は、みなさんが路上（社外）に出た時にも、大きな力を発揮します。社外のお客様や仕入先との仕事をする際には、仕事の確認で復唱することが必要になりますので、ぜひ教習所（社内）でマスターしておきましょう。

まとめ 25

POINT 1

依頼内容を一通り聞いたら、まず復唱をする

POINT 2

復唱は、一語一句、すべて言う必要はない。
重要なポイントを押さえられていればOK

POINT 3

復唱は、社外での仕事にも必要になるので、
社内にいるうちにマスターしておくと◎

では、
A・B・Cで。
A・B・C
ですね

実務編
26

着手後すぐに初期確認する

時折、このような事態が起こります。

仕事の依頼をしっかり理解し、復唱して相互確認もとれました。「これでばっちりだ」と作業を進め、８割ほど完成したタイミングで上司に「あの件、どうなっている？」と声をかけられました。「だいたい、できています」と答え、意気揚々と上司に見せると……上司は「なんだ、これ？　全然違うじゃないか！」と、まさかの大激怒……。

このような時、依頼の受け手は「依頼もしっかり理解したつもりだし、復唱もしたのにどうして……？」と困惑することでしょう。しかし、依頼者から「NG判定」が出たのなら、やり直しをするしか、選択肢はありません。たとえ、依頼された仕事に３日間かけて一生懸命に取り組んでいたとしても、です。上司からすれば「君は３日間、何をやっていたんだ？」と思いますし、本人にとっても不要な時間をかけてしまったことになります。

だからこそ、私は「着手後すぐに初期確認する」ことをおすすめしています。仕事を完成してから初めて見せるのではなく、進捗度が5～10％くらいの段階で、一度確認してもらうのです。

真面目な方は、「完成していないもの見せるなんて、迷惑なのでは？」と思うかもしれませんが、そのようなことはまったくありません。

例えば、目の前に2本の分かれ道があったとして、本当は右に進まなければいけないのに、左に進んでしまったとします。はじめは、それぞれの道の開きはさほどなくても、先へ進むにつれて、その差はどんどん大きくなってしまいます。こうなる前に、一度「この道で合っていますか？」「左に進んでよかったですか？」と聞いたほうが、はじめの選択が間違っていたとしても、戻らなければならない距離は少なくて済みます。

大切なことなので、もうひとつ具体例を出します。仮に、新入社員が上司から「東京都内から片道2時間で行くことができるサファリパークに行って」と言われたとします。実際、このような指令はないと思いますが、イメージとしてお付き合いください。

そして、新入社員は1時間50分ほど車を走らせた後に、「あと10分くらいで『群馬サファリパーク』に着きます！」と連絡したとしましょう。すると、上司は「なんで群馬に行っているんだ？　東京から行けるサファリパークと言えば、静岡県の『富士サファリパーク』に決まっているだろう！」とカンカンです。依頼時に「どこのサファリパークか」を質問しないのが、まず問題ですが、そのまま初期確認もせずに進んでしまった結果、まったく異なるサファリパークに向かってしまったというわけです。リカバリーしようにも、群馬サファリパークから富士サファリパークまでは、車で３時間近くかかります。

しかし、たとえ依頼を正しく理解できていなくても、初期確認をきちんと行っていれば、このような事態は防げたはずです。以下を見てみてください。

なぜ初期確認が大切なのか

上司：「東京都内から片道２時間で行くことができるサファリパークに行って」

笹田：「東京都内から、片道２時間ですね、わかりました！」

～15分後～

笹田：「いったん上司に連絡を入れておこう……。あ、もしもし、笹田です。もうすぐ、関越自動車道に乗ります！」

上司：「関越自動車道？　乗るのは、西に向かう東名高速道路か中央自動車道だよ？　待って、君はどこに行こうとしてる？」

笹田：「えっ、群馬サファリパークじゃないんですか？」

上司：「向かうのは富士サファリパークだよ！　戻って戻って！」

まとめ 26

POINT 1

仕事に着手した後、まずは初期確認が大切。
いきなり完成を目指して突っ走らない

POINT 2

初期確認は5～10％仕事が進んだ時点で。
完成度よりも、方向性の確認が第一

POINT 3

上司への初期確認は、失礼なことではない。
取り返しがつかなくなる前に、早めに確認を

実務編 27

途中経過を報告する

上司や先輩からすると、任せた仕事の進捗具合が気になるものです。もし、部下に依頼した仕事が思った通りの仕上がりにならなかったら、そのフォローをしないといけないかもしれません。だからこそ、「今、５割くらいできています」「夕方までには、いったん完成しそうです」と途中経過を報告してくれると、それだけで安心することができます。いわゆる、「中間報告」です。

先ほどのサファリパークの例で見ても、上司は「渋滞には引っかかっていないかな」「道に迷っていないかな」と、さまざまなことを心配しています。ですが「今、〇〇サービスエリアを通過しました」「１kmほど渋滞がありましたが、もう抜けたので大丈夫です」と連絡があれば、「あと30分くらいで着くな」「少し遅れ気味だけど、問題のない範囲だな」と判断することができます。

中間報告をすれば、ここでも思わぬミスを防ぐことができます。上司からすると、富士サファリパークへ向かった部下から

「今、甲州街道を走っています」と報告が入れば、「なんで高速を使ってないんだよ！」と指摘することができます。また、「今、〇〇サービスエリアでお昼休憩しています」と言われれば、「ごめん、急いでるからお昼は後にして」と依頼することも可能です。

基本的には、着手後5～10％の段階で一度、上司に初期確認を行い、その後、50％くらい進んだ段階でもう一度、中間報告をすることが理想です。けれども、仕事のボリュームによってはこの限りではありません。初期確認時点で大きなズレもなく、その後、数時間で終わるようなことなら、毎回、作成中の資料などの「実物」を見せて確認してもらう必要はないかと思います。

ただ、その際も「今、半分くらいできています」「昼までには終わりそうです」と声はかけたほうが親切です。上司としては「順調だな」と安心できますし、「13時には会社を出ないといけないから、それまでには完了できそう？」と確認することも可能です。以下のようにして、途中経過を報告するようにしましょう。

初期確認から途中経過の報告の理想の流れ

笹田：「山本さん、〇〇の提案書の件、去年のものをベースにこんなふうに新しいテキストに差し替えていっているんですけれど、イメージは合っていますか？」

↑ **初期確認**

山本：「うんうん、こんな感じ。合ってるよ」
笹田：「わかりました、残りも仕上げますね」
～１時間後～
笹田：「総務部に呼ばれたので少しだけ行ってきます。○○の提案書も、あと30分くらいでできます。まだ途中ですが、私が席を外している間、一度、確認されますか？」 ←**中間報告**
山本：「もうすぐできるなら大丈夫。昼までにあれば、問題ないから」
笹田：「承知いたしました。では、少しだけ行ってきます」
山本：（笹田くんはしっかりしているなぁ……）

あえて極端な言い方をすると、「あの件はどうなっている？」と上司や先輩に言わせてしまったら「負け」なのです。上司や先輩としても、いったん仕事を任せた以上、なるべく待とうと思っています。つまり、上司や先輩が「どうなっている？」と聞いてきている時点で、間もなく外出を控えていたり、納期が迫っていたりと、ギリギリのラインに差し掛かっている可能性があります。ここで、もし、相手が思うような仕事ができていなかったら……結末は、みなさんのお察しの通りです。

ルーティーンワークの場合は、遅れが生じていない限りは、必ずしも中間報告を行う必要はないと思います。それでも、「順調です」「夕方までには終わります」「今回もばっちりです」と、一声かけておいたほうが、相手に安心感を与えます。それほど手間がかかることでもないと思うので、みなさんもぜひ実践してみてください。

まとめ 27

POINT 1

上司や先輩は、仕事の進捗を気にしている。
中間報告で、仕事の進み具合を報告しよう

POINT 2

仕事の内容やボリュームによっては、
「順調です」と言葉で伝えるだけでもよい

POINT 3

「あの件はどうなっている？」と、
先に上司や先輩に言わせてしまったら負け

実務編 28

終わってから見直しをする

一刻も早く、できあがった仕事を提出したい気持ちはわかります。けれども、依頼の理解、復唱、初期確認、途中経過の報告と、丁寧に積み上げてきた仕事です。ここで、なんとか一歩踏みとどまって、最後には、必ず見直しをするようにしてください。

提案書をつくったとします。あらためて読み直してみると、誤字脱字があったり、一部だけ書体が変わってしまっていたりすることはよくあります。たとえ、いい提案をしていたとしても、そういった初歩的な間違いが散見されると、受け手は「いい加減だなぁ」「こんなに間違いだらけだなんて、提案自体もしっかり考えられていないのでは？」と感じてしまうものです。

学生時代の試験を思い出してみてください。問題をすべて解き終えた後、もう一度見直してみると、「計算間違いがあった」「解答欄がひとつズレていた」と慌てた経験はありませんか？

机に伏せ、試験終了まで眠ってしまっては、これらの誤りに気がつかなかったはずです。

　できあがった仕事も同じで、落ち着いて見直してみると、とんでもない誤字があったりするわけです。それをそのまま提出してしまったら、誤字脱字やフォント間違いといった細かい直しを、すべて上司が指摘しなければならないことになります。

　仮に、みなさんがつくっているのが「料理」だったら、相手にそのまま出してもいいと思います。料理は途中で味見をすることはあっても、一度完成したらスピーディーに提供しないと、冷めてしまったり、麺類は伸びてしまったりします。
　けれども、仕事は料理とは異なり、時間が経つと味が変わってしまうものではありません。慌てず、一度は見直すようにしてください。

　私は見直しを行う際に、必ず「媒体を変える」ということをしています。例えば、パソコンでつくった書類なら、一度印刷してみる。印刷ができない時は、一度データをスマートフォンに送り、スマートフォンの画面で確認する、といった具合です。

「そんなことをしても、意味がないのでは？」と思う人がいるかもしれません。ですが、媒体を変えることで、見え方に変化が生まれ、今まで気がつかなかったようなミスを発見することがあるのです。これは、一度体験してみないとわからないかもしれません。毎日、記事や原稿を書く仕事をしている記者やライターという職業の人も、この方法を実践しています。

そのため、私は自社の社員に何か資料を出してもらう時、よく「印刷してください」とお願いします。社員からは「アナログですね」と、からかわれることがありますが「チェック精度を高めるためなんだよ」と説明しています。その後、「紙で印刷」を初めて試した社員からは、「本当ですね！」と驚きの声をもらいます。以下に、私が日頃どんなふうにして見直しをしているかまとめました。

【パソコンでつくった資料を見直す場合】

◇印刷して読む

◇スマートフォンやタブレットなど、別の端末に送って読む

◇横書きのものは縦書きに、縦書きのものは横書きにして読む

【手書きの資料を見直す場合】

◇音読する

手書きに限らず、つくったものを音読するのはおすすめです。目で追う作業と、声に出す作業では、脳の動きが異なるのかもしれません。黙読していた時には気がつかなかった誤りに気づくことがあります。

些細なミスで「減点」とならないためにも、みなさんもぜひ、試してみてください。

まとめ 28

POINT 1

仕事を終えたら、依頼者に提出をする前に、
まずは自分自身で見直しをする

POINT 2

そのままの状態で見直しをするよりも、
印刷や、音読をすると、見直しレベルもUP

POINT 3

些細なミスも「いい加減」な印象を与える。
自分で見直しをして、ミスを減らしていこう

実務編 29

完了報告後に依頼者に直接話を聞く

しつこいくらい、繰り返して恐縮ですが、依頼の理解、復唱、初期確認、途中経過の報告、終わってからの見直し……ここまでできれば、みなさんは十分「頼まれたことをしっかりこなせる新入社員」としてみなされます。

けれども、先にも述べたように、私は、研修に参加してくれた方、この本を読んでくれたみなさんには、世の中の新入社員の上位「10%」の人になってもらいたいと考えています。上位10%になるためには、「頼まれたことをしっかりこなせる新入社員」から、もう一段階レベルアップを目指す必要があります。そのために欠かせないのが、本項の「完了報告後に依頼者に直接話を聞く」です。

ほとんどの人は、一度完了報告をしたら、その仕事について振り返ることはありません。しかし、フィードバックをもらい、仕事毎に改善点やよかった点を見出していけば、それが後々、自身の成長につながります。

フィードバックは、仕事を提出した時に「どうでしょうか？」と尋ねてもいいですし、仕事の依頼者が忙しそうであれば、翌日以降に「時間がある時でいいので、先日の○○の件について、フィードバックをいただけますか」とお願いしても構いません。例えば、以下のようなイメージです。

ケース①

笹田：「○○の件、完了しました。こちらです」

上司：「おぉ、ありがとう。早かったね」

笹田：「ありがとうございます。……このあたり、少し悩んだのですが、いかがでしょう？」

上司：「いいんじゃないかな。欲を言えば、このデータを図表にしてもよかったかもしれないね。でも、今回のものは社内用の資料だから、これでいいよ」

笹田：「承知いたしました。次回からはそのようにしてみます！」

ケース②

笹田：「××の件、完了しました。こちらです」

上司：「いつもありがとう」

笹田：「ありがとうございます。先日いただいたフィードバックをもとに、図表にしたほうがよさそうなところは、そのようにしておきました」

上司：「わかった。後で見ておくね」

笹田：「ありがとうございます」

～翌日～

笹田：「おはようございます。昨日の××の件、大丈夫そうでしたか？」

上司：「見たよ、見たよ〜。すごくわかりやすくなっているじゃない。資料つくったりするの、得意なんだね」

笹田：「よかったです。先日いただいたアドバイスのおかげです」

上司：「次からも頑張ってね」

笹田：「はい！」

上司：（笹田くんはやる気があっていいなぁ……）

改善点は次回に改める。よい点は次にも活かす。一つひとつ、階段をのぼるようにして、ステップアップしていきましょう。

いい上司や先輩は、こちらから依頼しなくても、フィードバックをしてくれることがあります。しかし、昨今の情勢から「パワハラにならないかな？」と過度に気にしてしまう上司や先輩がいるのも事実です。だからこそ、こちらから積極的に尋ねるようにしましょう。仕事に前向きに取り組んでいる上司や先輩であれば、みなさんからの「フィードバックをいただくことはできますか？」という申し出を、好意的に捉えてくれるでしょう。

まとめ 29

POINT 1

仕事を終えたらフィードバックをもらおう

POINT 2

フィードバックはすぐもらわなくてもよい。
忙しそうなら、翌日以降に聞いてもOK

POINT 3

改善点も、よい点も、今後に活かしていく。
一つひとつの積み重ねが、成長につながる

Chapter 4

上級編

上級編 30

これまで学んだことを掛け算する

ここまで、「就職のお礼を言う」にはじまり「完了報告後に依頼者に直接話を聞く」まで、29個の項目をレクチャーさせていただきました。

勘のいいみなさんなら、すでにお気づきかもしれません。そう、これらの項目は、ひとつ実行するだけでも十分効果がありますが、２個、３個、10個、20個と掛け合わせていくことで、より力を発揮します。例えば、以下のようなシーンです。

こんなふうに掛け算する！

上司：「笹田くん」

笹田：「ハイ」 ← **名前を呼ばれたら「ハイ」と言う**

上司：「明日、クライアントの〇〇さんのところに行く件だけどさ」

笹田：「11時からの打ち合わせの件ですよね」

↑ **相手からのアクションに反応をする**

上司：「そうそう。私、その前に別件が入っちゃって。悪いけれど、現地集合でいいかな？」

笹田：「承知しました」 ←**相手からのアクションに反応をする**

上司：「道はわかる？」

笹田：「初めてなので、念のため30分前には着くように余裕を見ています。この電車で行こうと思っています」

↑**余裕を持って出勤（この場合は外出）する**

上司：「いいんじゃないかな。それでさ、この後、笹田くん宛に提案書をメールしておくから、それをプリントアウトして持って来てほしいんだ」

笹田：「もちろんです。ちなみに、何部プリントしておけばいいでしょうか？」 ←**依頼を理解するまで聞く**

上司：「予備も含めて、10部ずつあれば十分かな。図表もあるから、カラーで印刷してね」

笹田：「すごく細かいことを聞きますが、両面印刷にしますか？　片面にしますか？」 ←**依頼を理解するまで聞く**

上司：「それほどページがあるわけではないから、片面でいいかな」

笹田：「念のため、メモさせてください。10部ずつ、カラーで片面印刷ですね……」

↑**メモをとって見返す＆復唱する**

上司：「あっ、思い出した。○○さんのところに持っていく資料は、クリップ留めじゃなくて、ファイルに入れるようにしてね。前、××さんがクリップで留めて持っていったら『クリップはシュレッダーにかける時、外すのが手間だ』って言われたんだって。普通はあまりそんなことは言われないけれど……。○○さんの時は、気をつけて」

笹田：「10部ずつ、カラーで片面印刷、資料はファイルでまとめる、ですね。承知しました！」

↑ **メモをとって見返す＆復唱する**

このように、実際の場では複数の項目を掛け合わせたり、同じ項目を繰り返したりします。

「掛け合わせするなんて、難しそう……」と思う人は、「名前を呼ばれたら返事をして（**名前を呼ばれたら『ハイ』と言う**）、相手のほうを向く（**相手のほうを向き集中する**）」。「メモをとる時は（**メモをとって見返す**）、無言で書き続けるのではなく、時折『ハイ』や『承知しました』などの相槌をする（**相手からのアクションに反応をする**）」と、よくある一連の流れをセットにして覚えてしまいましょう。

世の中のビジネス書を読んでいると、「ロジカルシンキング」「フレームワーク」といった、もう一歩先のことが書いてあることが多いです。もちろん、それらも大切です。

ですが、新入社員のうちは、難しい公式を100個覚えるより、まずは本書で紹介しているような、最低限押さえておきたい項目をマスターするほうがいいでしょう。意外にも、基本的なことを身につけておけば、それらを掛け合わせて使うことで、解けない問題はほとんどありません。難しい公式は、土台をしっかり固めた後に取り入れることで、初めて効果を発揮するのです。

まとめ 30

POINT 1

これまで覚えたことを掛け合わせてみよう

POINT 2

異なる項目同士を掛け合わせるだけでなく、
同じ項目を繰り返すのも◎

POINT 3

掛け合わせが「難しい」と感じる人は、
使いやすいパターンをセットで覚えるとよい

上級編 31

喜ばれたことは意識的に繰り返す

時々「自分にとっては当たり前」だと思っていたようなことが、相手を喜ばせることがあります。私が新入社員として会社に入社した時のお話をしましょう。会社に入って少し経ったころ、私は以下の二つの作業を自主的にはじめました。

①朝、複合機（プリンター）に紙を補充する

勤務時間中、印刷している途中で紙がなくなり、慌てている人を何人か見かけました。
「このままでは不便だろう」と感じた私は、朝出社したら、紙の残量を確認し、減っているようなら補充しておくようにしました。

②帰る前に、フロアのゴミを回収する

私が勤めていた会社はビルの４階から７階までをオフィスとして使っていました。基本的に、掃除やゴミの回収は業者の方が行ってくれていたのですが、夜遅くまで仕事をしていると、どうしてもゴミ箱がいっぱいになってしまうことがありました。

そこで、私は自分の仕事を終えた後に自分が働くフロアのゴミをすべて回収し、退勤時に捨ててから帰宅するようにしました。

自分では「少しでもお役に立てれば」という気持ちではじめたことでした。どちらも、10分、15分ほどあればできますし、「それほどたいしたことではない」と思っていました。

ところが、周りからは意外な反応がありました。いろんな人から「本当にありがとう」と言われたり、とても喜んでもらえたりしました。先輩から「すごくいいことをしているね」と、声をかけられることもありました。

自分としては、すごいことをしたわけではない。けれど、周りの人は喜んでくれた……。これまでの人生で、みなさんにもそんな経験はありませんでしたか。そのようなことが起きた時は「これまで、周囲も課題意識はあったけれど、誰も改善してこなかった問題」を、みなさんが解決したということです。もし、周りからこういったうれしい反応があったら、今後も積極的に続けるようにしてください。

紙の補充や、ゴミ回収といった具体的な貢献活動でなくても、新入社員の「挨拶」が場の雰囲気を変えることはよくあります。

例えば、あまりチーム内でのコミュニケーションが活発でなかったところに、新入社員が配属されたとします。その社員は、朝の元気な「おはようございます！」にはじまり、お昼に行く時も「お昼に行ってきます」、戻ってきたら「ただいま戻りました」とチームのメンバーに声をかけていました。すると、これまではとくに挨拶の習慣がなかった周囲も、次第につられて、「総務部に呼ばれたので、行ってきます」「行ってらっしゃい」「ちょっと、コンビニまで飲み物を買いに行ってきます」「あ、相談があるので、私も一緒に行っていいですか」……と、声を掛け合うようになりました。

新入社員にとっては、当たり前のことをしただけかもしれません。けれども、「チームの雰囲気をなんとかしなければいけない」と思っていた上司や先輩からすると、とても喜ばしいことです。このようにして、新入社員の言動をきっかけに、チームの雰囲気がガラリと変わることもあります。

これまで、たびたびお話ししたように、自動車に例えると社内は「教習所」です。社内の人に喜んでもらうことができない人が、「路上」へ出て社外の人を喜ばせるのは、なかなか難しいものです。常にアンテナを立て「どんなことをすれば、みんなに喜んでもらえるのか」をしっかりキャッチし、実践するようにしてください。

やがて、みなさんも後輩ができたり、業務の担当が増えたりと、次の「フェーズ」に移っていきます。そうなれば、みなさんがはじめた紙の補充やゴミ回収といった作業は、自然と後輩たちに継承されていきます。実際、私もそうでした。それまでの間は、「自分が会社に貢献できること」を探して、実行するようにしてください。

まとめ 31

POINT 1

誰かに喜ばれたことは、意識的に繰り返そう

POINT 2

自分にとっては当たり前のことでも、
周りに貢献できていることを見つけると◎

POINT 3

喜ばれて、意識的に取り組み始めたことは、
後輩にバトンタッチするまで続けていこう

上級編 32

褒められたことは意識的に繰り返す

先ほどお伝えした「喜ばれたことは意識的に繰り返す」と似ていますが、こちらは「褒められたこと」を「意識的に繰り返す」です。この二つは、一見すると同じように感じるかもしれませんが、繰り返し実行した結果、得られるベネフィットに若干の違いがあります。
「喜ばれたことは意識的に繰り返す」は、言わばみなさんの人となりを形成するものです。これに対して「褒められたこと」を意識的に繰り返せば、みなさんの長所や、仕事における成功法則、いわゆる「勝ちパターン」をつくることができます。

「○○さんはいつも元気いっぱいに挨拶してくれて、いいね」
「いつも付箋で丁寧なメモをつけてくれるから、助かるよ」
「仕事の進捗をこまめに報告してくれるから、安心して任せられるよ」

このような褒め言葉の中には、みなさんが今後「伸ばすべき長所」や「潜在的に得意としていること」を見つけるヒントが詰まっています。たとえ、今現在は気がついていなくても、褒められたことを意識的に繰り返せば、それは確実にみなさんの能力につながります。

私の実際の体験から、この理由をお伝えします。少し、長くなりますが、どうぞお付き合いください。

私は、はじめに入社した会社で、社長に会うたびに「○○社長、おはようございます！　新入社員の笹田です」と挨拶していたのは、お話しした通りです。そのかいあって、上司から「社長が、『笹田くんは頑張っている』と話していたよ」と褒められることがありました。

それを聞いた私は、その後、上司と得意先に同行する際も、「○○さん、新入社員の笹田と申します。どうぞよろしくお願いします！」と元気いっぱいに挨拶しました。得意先の方も「御社の新入社員は元気でいいね」と、好感を持ってくれました。「明るく挨拶をすると褒められる」「今後も続けていこう」と思った瞬間でした。

時は流れ、私は26歳で独立しました。初めて受注した仕事は、お米の卸売業を営んでいる、とある会社のマニュアル作成の仕事でした。この仕事を獲得する際、私の会社（現在の株式会社シンミドウの前身となる、有限会社笹田経営）を含めた３社の間で、競合プレゼンが行われました。初めての仕事を受注するために、私も気合いを入れて、プレゼン内で話す言葉をすべて「米卸業界の業界用語」に置き換えて、本番に挑みました。

結果は見事、私が受注。「やっぱり、業界用語に置き換えたのがよかったのかな？」と思いながらも、クライアント企業の社長様にフィードバックを求めました。「どうして、当社を選んでくれたのですか」と。すると、その答えは驚くものでした。

「だって、笹田さんが一番、声が大きくて元気だったんだもん。自分の会社を元気にしたいんだから、明るい人を選ぶのは当然でしょう」

新入社員のころから繰り返していた習慣が、ここでも活きたのです。

正直、競合の企業名を聞いた時、「何の実績もない当社は、負けてしまうのでは？」と思っていました。けれども、せっかくいただいたチャンスですから、精一杯ベストを尽くそうと、徹底的にクライアントやその業界のことを調べ、準備をしました。しかし、決め手はまさかの「元気のよさ」。なんだか、拍子抜けしてしまいそうにもなりましたが、これが「私の勝ちパターンだ」と知ってからは、50歳を目前にした現在でも、元気にやらせていただいています。

これは、あくまで私の例なので、みなさんには当てはまらないかもしれません。業界や職種によっても、求められる能力は違うと思います。だからこそ、みなさんオリジナルの「成功のレシピ」を見つけていってほしいと考えています。こちらについては、次項で詳しく解説します。

まとめ 32

POINT 1

周りから褒められたことを繰り返すことで、
自分の長所を伸ばすことができる

POINT 2

「褒め言葉」の中には、
仕事における「勝ちパターン」の法則がある

POINT 3

「勝ちパターン」は人によって異なる。
自分だけの「成功のレシピ」を見つけよう

上級編 33

社内での勝ちパターンを社外にも使う

最後の項目になりました。みなさん、ここまで本当にお疲れさまでした。ここでお伝えしたいのは、「社内での勝ちパターンを社外にも使う」ことです。その前に、まずは自分だけの「勝ちパターン」の見つけ方から考えていきましょう。

またまた、私の実体験からお話しします。私は若い頃、勉強のためにたくさんのセミナーや講演会に行ってました。そこで感じたのが、「この人を知らない人はいない」「テレビやニュースでもよく見かける有名な人」のお話より、「名前は知られていないけれど、何らかの成果を出した人」のお話のほうが、自分の役に立つことが実は多いということです。

例えば、「ソフトバンク」を創業した孫正義さんや、「ユニクロ」の代表取締役会長兼社長の柳井正さんは、素晴らしい方々です。このような人たちの成功法則を知ることは、決して無駄ではありません。しかし、有名な方々のセミナーや講演会に通ううちに、私はあることに気がつきました。「いくら通い詰めても、自分には到底真似できない」……。孫さんや柳井さんは、若い頃の私からは遠すぎたのです。

なお、孫さんや、柳井さんはあくまで有名人の「例」として出しただけで、実際にこのお二人の講演会に参加して「役に立たなかった」と言っているわけではありません。念のため、補足させてください。

私が仕事で研修を受け持ちはじめた当初、「長らく社会人をしてきた私が今、必要だと思うことを、新入社員の方も知っておけば、きっと役に立つだろう」と考えていた時期がありました。そのころは、いわゆる「ロジカルシンキング」や「フレームワーク」といったことを、研修でレクチャーしていました。

ところが、当の新入社員たちは、「仕事の優先順位をこのフレームワークに当てはめて考えてみよう」という以前に、返事もなければ、メモもとっていない。いざ、グループワークをはじめてみても、全然違うことをしている……という状態だったのです。

これらからわかるのは、人はいきなり離れた地点へ「飛び級」するのは難しいということです。若かりし日の私が、有名人のセミナーや講演会に通っても、その教えをすぐに活かせなかったように、新入社員のみなさんにとって「ロジカルシンキング」や「フレームワーク」は、時期早々だったのでしょう。やはり、一つひとつ、順番にステップアップしていくしか、力をつける方法はありません。勝ちパターンは、人によって異なります。誰かの勝ちパターンが、みなさんの勝ちパターンにもなるとは限らないのです。
「褒められたことは意識的に繰り返す」で、私は「元気さ・声の大きさ」で仕事を獲得したとお伝えしました。しかし、職業によっては、落ち着いていたり、真面目に見えたりしたほうがよい場合もあるでしょう。だからこそ、本書でお伝えした33項目を、社内でたくさん試し、掛け合わせて、「みなさんが褒められたこと」をできるだけ多く集めるようにしてほしいのです。入社後、１カ月後は、勝ちパターンが一つや二つくらいしかなくても、３カ月、半年と経つうちに、自身のレベルも上がり、成功のレシピのレパートリーも増えていきます。

私が心がけていることが、もうひとつあります。それは「上手くいった時には、相手にその理由を聞く」です。きっかけは、前項でお話したクライアント企業の社長様に、自分では思ってもいない「声が大きくて、元気だったから」と言われたことでした。その時「そうか、自分が思っている上手くいった要因と、実際に相手の方が感じている要因は違うんだ」と痛感しました。その後、仕事上で何かが上手くいった時には必ず、相手にその理由を聞くようになりました。これも、私の成功のレシピのひとつです。

このようにして「これが、私のオリジナルレシピだ」とわかったことを、後は社外でも実行するだけです。社内は「教習所」です。社内で試してみて「とんでもなくダメだ」と思ったレシピは、社外に出さなければいいだけなのです。教習所にいる今のうちに、いろいろやってみてください。

まとめ 33

POINT 1

有名な人の「勝ちパターン」を真似しても、
それだけで、自分が上手くいくとは限らない

POINT 2

自分の「成功のレシピ」を見つけるために、
33項目の掛け合わせを試してみよう

POINT 3

社内で掛け合わせを試してみて、
よかったものは社外に出た時に使ってみよう

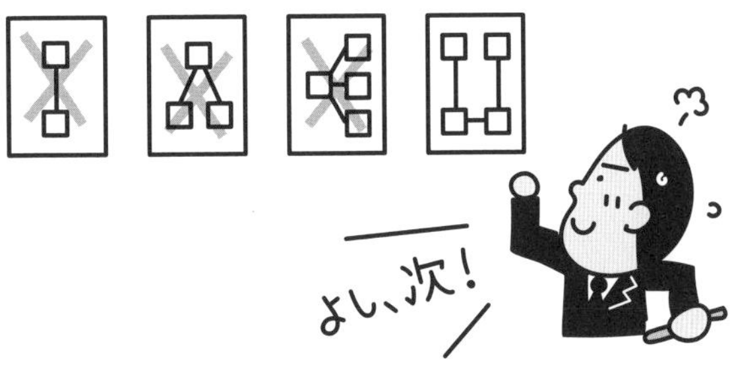

おわりに

最後にみなさんへ伝えたいこと

今から遡ることおよそ40年近く前、私が「社会勉強」をはじめたのは、小学生のころでした。

私の両親は、自宅の１階で小さな飲食店を営んでいました。駅近というわけでも、有名店というわけでもありませんでしたが、両親の美味しい料理と丁寧な仕事ぶりが評判で、お店はいつも常連さんで賑わっていました。

父は冷凍食品や加工食品が大嫌いで、何事も手作りを心がけていました。そんなこだわりもあって、両親だけではお店が回らず、私は小学校から帰り、ランドセルを置いたらすぐに手伝いに入っていました。枝豆を枝から切り落としたり、そら豆を房から取り出したりするのは、私の仕事でした。「早く友達と遊びたい」と、雑にしようものなら、父親にこっぴどく叱られたものです。

中学生になるころには、接客も担うようになりました。ホールスタッフとして、お客さんから注文をとり、それを両親に伝えていました。その時、父から言われたのは、「顔と名前はもちろん、何の仕事をしている人か、そしてよく注文するものは何か、絶対に覚えること」。母から言われたのは、「挨拶と笑顔と元気は仕入れ代タダなんだから、どんどん出しなさい」。だから、常連の方がいらしたら必ず、「○○さん、いらっしゃいませ！　今日も、焼酎にされますか？」と元気いっぱいに迎えていました。

夜の時間帯は、簡単なお酒をつくるのも、私の仕事でした。難しかったのが、お客さんそれぞれの「好み」に合わせてお酒をお出しすることです。そのためには、自分では飲んだこともないお酒の水割りを「○○さんは濃いめが好き」「××さんは氷少なめ」といった形で把握しておく必要がありました。

この時、私がはじめたのが、「メモをとる」ことでした。「○○さんはウイスキーを指２本分」「××さんは指１本分で、氷少なめ」と、自分の指を定規代わりにして、メモにしたためていました。

自分の時間がないことに不満を感じていた時期もありましたが、それでもお客さんが「今日もありがとう」「知ちゃん（私のあだ名）のおかげで、なんだか元気になれたよ」と言ってくださるのが、本当にうれしかったことを覚えています。相手のパーソナリティーをしっかり認識すること、いつも明るく振る舞うこと、メモをとること……社会人になる前にたくさんのことを学ばせてもらえたんだなと、今では思っています。

どれだけ運動神経がいい人でも、はじめからひとりで自転車に乗れる人はいません。まずは補助輪を使って、慣れてきたら補助輪を外し、大人が支えてあげながら乗る練習をしてようやく、ひとりで運転することができるようになります。

これを仕事に置き換えた時、支えてあげる大人が上司や先輩であるとしたら、この本は、補助輪程度なのかもしれないと思っています。いろんな支えがありつつも、試行錯誤しながら自転車に乗るコツを掴み、実際にペダルを漕いで前に進んでいくのはみなさんなのです。

「上級編」で、褒められたことを意識的に繰り返せば、みなさんの「勝ちパターン」を見つけられる、とお伝えしました。

みなさんにしか、つくることができない「成功法則のレシピ」は、必ずあります。

もし、社外に出てから、上手くいかないようなことがあったら、焦らず、一度基礎に立ち返ってください。それは、レシピが悪いのではなく、よくよく見返せば、慢心や慣れで、相手の言葉にきちんと反応できていなかったり、正しくメモがとれていなかったりする可能性があります。新しいメソッドや、外にノウハウを求めるのではなく、まずは自分がマスターした一つひとつのことが確実にできているかを、もう一度見直してみてください。

ここまでお読みいただき、ありがとうございました。最後に、私がこの本を出版しようと思った理由について、お話しさせてください。

みなさんがこの本を手にとってくださったように、最近の若い方は、仕事に対してとても前向きです。一方で、当社の研修を検討している企業の方は、こんな声を漏らしています。

「最近の新入社員はやる気がない」
「仕事が終わっても、まともに報告してこない」
「わからないことを質問しにもこない」

そう、新入社員の方と企業の方との間に、思わぬ誤解が生じてしまっているのです。

「仕事が終わっても、まともに報告してこない」「わからないことを質問しにもこない」。これらについて、新入社員に話を聞くと、「忙しそうだったので、邪魔をしてはいけないと思い、話しかけられなくて……」「以前教えてもらったことだったので、もう一度聞くのが申し訳なくて、自分でずっと考えていたんです……」という回答をもらいました。

つまり、新入社員としては、決して報告や相談を怠っていたのではなく、相手を思いやるあまり、声がかけられなかったのです。俗に言う「空気を読んだ」ということです。

ところが、悲しいことに、その想いは上司や先輩に上手く伝わっていません。

結果、「最近の新入社員はやる気がない」という、とんでもない「ボタンのかけ違い」が起きてしまっています。これは非常にもったいない。

世代によって、物事の捉え方、表現の仕方は異なります。それは、仕方がないことですし、どちらが悪いだとか、正しいという話ではありません。

しかし、知っておいてほしいのは、今までは同世代の友人といる時間のほうが長かったとしても、これからはより一層いろんな考え・価値観を持つ人たちとかかわっていくということです。本書では、みなさんが思わぬところで損をしてしまわないよう、どの世代に対しても、きちんとした印象を与える立ち振る舞いについても言及したつもりです。

私は、みなさんが真面目で、やる気があって、とても優秀であることを知っています。それが誤解なく伝われば、任される仕事の幅も、裁量も、ぐーんと広がり、社会人人生がより楽しいものになると信じています。少なくとも、本書を手にとってくださった方にはそうなってほしいと思っています。

働きはじめたら、うれしいこともあれば、大変な時もあります。それでも、私が研修を担当した方が生き生きと働いていたり、「新入社員研修を受けたおかげで、社会人生活がとても楽しいです」と言ってもらえたりするたびに、私は心からやりがいを感じます。

みなさんが自らの仕事に喜びとやりがいを見出すためにも、本書をご活用いただけたら幸いです。

この本が、みなさんの入社１年目が上手くいく一助になりますように。そして、それをきっかけに、みなさんの社会人人生がよりよいものになることを、心から応援しています。

株式会社シンミドウ 代表取締役　笹田知弘

［著者略歴］

笹田知弘（ささだ・ともひろ）

株式会社シンミドウ 代表取締役
埼玉県生まれ。株式会社日本経営勤務を経て、2001年にシンミドウの前身となる有限会社笹田経営を創業。2008年に現在の株式会社シンミドウを設立。社員研修や採用支援に20年以上携わり、未経験者を即戦力化する新入社員研修や、新入社員を活躍させる先輩・上司研修、採用難易度が高い地域・業種での採用支援など、実績多数。とくに新卒学生の採用から育成まで一貫して行う環境づくりを得意とし、学生と企業の双方にとって良い就職・採用の実現を目指して取り組んでいる。またシンミドウ独自の新たな手法は、社員採用システム、ロールプレイング研修システム、内定辞退防止システムとして、それぞれ特許庁からビジネスモデル特許を取得している。

入社1年目（にゅうしゃねんめ）
上手（うま）くいく人（ひと）へ成長（せいちょう）するコツ33

2024年3月1日　初版発行

著　者　　笹田知弘

発行者　　小早川幸一郎

発　行　　株式会社クロスメディア・パブリッシング
〒151-0051 東京都渋谷区千駄ヶ谷4-20-3 東栄神宮外苑ビル
https://www.cm-publishing.co.jp
◎本の内容に関するお問い合わせ先：TEL（03）5413-3140／FAX（03）5413-3141

発　売　　株式会社インプレス
〒101-0051 東京都千代田区神田神保町一丁目105番地
◎乱丁本・落丁本などのお問い合わせ先：FAX（03）6837-5023
service@impress.co.jp
※古書店で購入されたものについてはお取り替えできません

印刷・製本　　株式会社シナノ

　ISBN978-4-295-40940-3　C2034